성경의 비전들
BIBLE VISIONS

KB190005

나침반

| 차 례 |

On Remembering Dr. Howard F. Sugden, Who Challenged Me.

The author of this book, Rev. Howard F. Sugden, was a very well-known biblical scholar in America. He wrote many books as the main speaker of the conference. He's also a close friend of Dr. Warren W. Wiersbe, who is another well-known biblical scholar known worldwide. They wrote a book together which has also been translated and published in Korea. While I was studying in seminary, I took in his lecture on missions at a school revival meeting. and working with South Baptist Church where he was pastoring, I planted the Lansing Korean Church to reach out to the Koreans living in that area. Later, I was ordained through that church.

To repay a debt of love I owed to Rev. Billy Kim, who had supported me during my time in America, I returned to Korea to serve under him at the Far East Broadcasting Company. Rev. Sugden led his church and supported me then with a monthly mission offering until I was able to raise support for myself.

Since Rev. Sugden has passed away, I have looked for opportunities to celebrate his life. To that end, I have worked to get his Bible studies published into English and Korean. I originally wanted to dedicate this book to his wife who, even at 94 years of age, continued to lead Bible studies from her home and through the churches she visited. I had wanted to give her a copy but sadly, she too passed away before seeing this masterpiece completed.

I'm thankful to Dr. Suk-Joong Chang who labored together with me to see this book published. He was a part of our congregation when I first planted Lansing Korean church. I'm very happy to serve the Lord with him, even now. I pray that all of our joys may bring glory to our God.

Thankfully as in Philippians 1:3-6,
Rev. John P. Song

내게 도전을 준 서그든 목사님을 기억하면서.

이 책의 저자이신 하워드 F.서그든목사님은 미국에서 유명한 성경학자이었다. 케직 수양회 주강사로 많은 저서도 남겼다.

우리가 잘 알고 있는 세계적 성경학자인 워런 W. 위어스비 박사님과는 친구이며, 같이 책을 써 한국에도 번역 출판되었다.

나는 신학대학원 재학시절에, 학교 부흥회에서 서그든 목사님의 선교 강의를 듣게 됐다. 그 후 얼마 되지 않아 목사님이 담임하는 사우스 뱁티스트 교회에서, 그 지역의 한국인들을 위해 렌싱 한인교회를 개척했다.

그리고 얼마 후 나는 그 교회에서 목사 안수를 받게 되었다.

내가 미국에서 공부 할 수 있는 길을 열어준 김 장환 목사님의 사랑의 빚을 갚기 위해 한국에 나와 김 장환 목사님과 극동방송에서 사역 할 때도, 서그든 목사님과 교회는 내게 매달 정한 액수의 선교 헌금을, 내가 자립해 사양 할 때 까지 신실하게 보내주었다.

시그든 목사님은 소천 하셨지만, 몇 년진부디 개인적으로 목사님을 기념하고 싶어 기도 하는 중, 그 분의 성경 공부 책을 한영판으로 만들어, 당시 94세 나이임에도 불구?하고 교회학교에서와 집에서 성경을 가르치는 서그든 목사님의 부인이신 사모님에게 헌정하고 싶었다.

이 소식을 들은 사모님은 무척 기뻐하셨는데....그 열매를 보지 못하고 그 다음해 소천하셨다.

이 책을 만드는데 뜻을 같이 한 장 석중박사님에게 감사한다. 그는 내가 처음 렌싱 한인교회를 개척할 때 성도 였는데, 지금도 함께 주님을 섬길 수 있어 행복하다. 우리의 모든 기쁨이 하나님께 영광이 되길 기도 한다.

빌립보서 1장 3-6절과 함께
송용필목사

From Dr. Don Denyes

With the passing of time many things become outdated, irrelevant-but not so with the Word of God. Since God has "forever settled His Word in heaven" (Ps 119.89) it is unmoved by the changing centuries. Everything is in flux, but the Scriptures are eternally fixed!

And although human messengers come and go any message that is filled with God's timeless truth will age gracefully. Such is the case with these outlines from the preaching ministry of Howard F. Sugden-they have a timeless quality. Dr. Sugden had a unique ministry at the South Baptist Church of Lansing, Michigan for almost 40 years (1954-1992). He was a gifted communicator who immersed himself in the Scriptures and then proclaimed them with passion and precision. These skeletal sermon outlines are a fruit of that ministry and enrich all who take time to grasp their message.

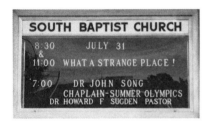

Many thanks to Dr. John Song and Dr. Suk Chang-a pastor and a medical doctor-for their noble efforts in bringing these helpful outlines to light. It was during Sugden's Lansing ministry that a Korean church was started and both John (the first pastor) and Suk (a faithful layman) played a vital role in its birth and ongoing success. It is my honor to count them both as dear friends.

Those who heard Howard regularly will find in this volume a familiar voice. Those who knew him not will find a new friend and spiritual guide. May everyone hear God's voice in these studies.

Dr. Don Denyes
Sr. Pastor, South Church
Lansing, Michigan

1장

현실문제들에 관한 성경적 해법

PROBLEMS IN TODAY'S WORLD

1. THE PROBLEM OF FEAR

A When Basil King wrote his book on the Conquest of Fear, he gave the gave evidence of the extent of this malady with these words, "Everyone is living or working in fear. The mother is afraid for her children; the father is afraid for his business; the clerk is afraid for his job. There is hardly a man who is not afraid that some other man will do him a bad turn. There is hardly a woman who is not afraid that things she craves may be denied her, or what she loves may be snatched away...We are not sick all the time; we are not sinning all the time; but all the time all of us--or practically all of us--are afraid of someone or something." Without question, the years since King made this observation have not changed the problem.

B Why this strange malady? Since man lost his fellowship and position with God, his world has been invaded by fear. Fear entered as a result of man's broken relation with God - Gen. 3:10.

C We need to recognize that there are:

1. Normal fears that lead to efficiency. It makes the driver of a car alert to situations; it makes the pilot of the great jet aware and concerned for his passengers; it gives the surgeon caution when operating. Dr. S. Blanto said, "To fear wisely is the best of mental hygiene."

2. Abnormal fear. The phobias of life, those things that invade our souls, that destroy our peace: fear of calamity, fear of exposure, fear of failure, fear of loneliness, fear if illness, fear of yesterday, fear of today, fear of tomorrow, fear of death, fear of judgment. The Greek word phobia has the meaning of flight, to be scared. Someone has said, "Normal fear leads to efficiency, while abnormal fear leads to inefficiency."

1. 두려움의 문제

A 베이질 킹은 '두려움의 극복' 이라는 그의 저서에서 이 병증의 정도를 이렇게 생생히 적고 있다. "모든 이가 일상생활을 하면서 두려움을 가진다. 엄마는 자기 자녀들 때문에 두려워하며, 아빠는 자기 사업 때문에 무서워한다. 직원들은 자기 업무로 인해 공포를 가진다. 누군가에게 해코지를 당할지도 모른다는 공포를 남자라면 대개 가지고 있다. 열망하던 것을 얻지 못하거나 사랑하는 것을 놓쳐 버릴지도 모른다는 두려움을 여자라면 흔히 가지고 있다. ... 우리가 항상 아픈 것은 아니다. 늘 과오를 저지르는 것도 아니다.

그런대도 우리 모두는, 즉 실제로 우리 각자는 항상 사람 때문에 혹 일 때문에 두려워 한다." 물어볼 것도 없이, 킹이 이러한 관찰 결과를 내 놓은 이후 여러 세월이 지났지만 이 문제는 달라진 것이 없다.

B 어째서 이런 낯선 병증이 생기게 되었는가? 인간이 하나님과 사귐을 가질 수 없는 신분으로 몰락하면서 인간 세상에 밀어닥치게 된 것이 두려움이다. 두려움은 인간과 하나님의 관계가 단절되었기 때문에 찾아든 결과물이다(창 3:10).

C 우리는 이러한 것들을 알아야만 한다.

1. 정상적인 두려움은 좋은 효과를 나타낸다. 그것은 차량 운전자가 어떤 상황에서도 방심하지 않게 해준다. 그것은 대형 제트 여객기 조정사에게 경각심을 일깨워줘서 탑승자들의 안전을 도모케 한다. 그것은 수술중인 의사를 조심하게 한다. 에스 블란토 박사는 "적절한 두려움은 최상의 정신 상태를 유지케 한다"고 말했다.

2. 비정상적인 두려움. 일상에서 다음과 같은 각종 공포심이 우리의 마음에 유입되면 평안이 깨진다. 재난에 대한 두려움, 발각될 것에 대한 두려움, 실패에 대한 두려움, 고독에 대한 두려움, 질병에 대한 두려움, 과거에 대한 두려움, 현재에 대한 두려움, 미래에 대한 두려움, 죽음에 대한 두려움, 심판에 대한 두려움. 헬라어로 공포(포비아,phobia)는 도주할 때 느끼는 두려움을 뜻한다. 누가 이르기를 "정상적인 두려움은 좋은 효과를 나타내지만, 비정상적인 두려움은 비능률 쪽으로 향하게 한다"라고 했다.

How can these experiences that we will be confronted with sooner or later be dealt with? We believe that there are four great facts to give us peace in the midst of problem and power in the midst of pressure.

Ⅰ. THE FACT OF GOD'S CARE.

God's care over us is set forth in these remarkable passages:

Job 31:4 - Knows our walk.

Psa. 56:8 - Knows our sorrow.

Isa. 41:13 - Knows our weakness.

Mal. 3:16 - Gives attention to our thoughts.

Matt. 10:30 - Numbers the hairs of our head.

John 10:3 - Knows our names.

Ⅱ. THE FACT OF HIS PRESENCE.

Gen. 26:24 / Num. 14:9 / Isa. 41:10 / 43:1 / 43:5

Ⅲ. THE FACT OF HIS PROMISES.

Gen. 15:1 / Ⅱ Kings 6:16 / Psa. 118:6 / Luke 1:13 / 2:10 / 5:10

Ⅳ. THE FACT OF HIS ASSURANCE.

Timothy faced problems. In Ⅱ Tim. 1:13 Paul warns him that with his fears he need not be a coward, because God has given to him power, love, a sound mind.

Aren't you amazed to find that John says, "Perfect love casteth out fear" I John 4:18). A noted Christian psychiatrist said, "One of the best cures for fear is to do something active. Fear is an emotion demanding movement." Do something for someone. Love is the forgetting of self in the service of others.

우리가 잠시 후에 또는 한참이 지난 다음에 혹 맞닥뜨릴지도 모를 이런 경험들을 어떻게 다루어야 하는가? 우리가 믿기로는 문제의 한복판에서 우리에게 평안을 주고 억압의 정중앙에서 능력을 주는 네 가지 대단한 사실들이 있다.

I. 하나님이 돌보신다는 사실
우리를 향한 하나님의 돌보심은 이들 구절들에 명확하게 제시되어 있다.

욥기 31:4 - 우리의 가는 길을 아신다.

시편 56:8 - 우리의 슬픔을 이신다.

이사야 41:13 - 우리의 연약함을 아신다.

말라기 3:16 - 우리의 생각에 관심을 가지신다.

마태복음 10:30 - 우리의 머리털까지도 세시고 계신다.

요한복음 10:3 - 우리의 이름을 아신다.

II. 그분이 함께하신다는 사실
창세기 26:24 / 민수기 14:9 / 이사야 41:10 / 43:1 / 43:5

III. 그분의 약속이 있다는 사실
창세기 15:1 / 열왕기하 6:16 / 시편 118:6 / 누가복음 1:13 / 2:10 / 5:10

IV. 그분에 대한 믿음이 있다는 사실
디모데는 문제들에 직면하였다. 디모데후서 1:13에서 바울은 그에게 경계하기를 그가 두려워 하는 것들로 말미암아 겁먹을 필요가 없는데 이는 하나님이 그에게 능력과 사랑과 온전한 마음을 주고 계시기 때문이라고 하였다.

요한이 이르기를 "온전한 사랑이 두려움을 내어 쫓나니"(요일 4:18)라고 한 것을 보면 놀랍지 않은가! 한 저명한 정신과 의사가 말하기를 "최상의 두려움 치료법은 뭔가에 적극적으로 매진하는 것이다. 두려움은 움직임을 요구하는 일종의 감정이다"라고 하였다. 누군가를 위하여 뭔가를 하라. 사랑이란 다른 이를 섬기는데 몰두 하느라 자기 자신을 잊어버리는 것이다.

2. THE PROBLEM OF LONELINESS

A On a program of the BBC one of the interviewers observed, "Most people go through life in a coffin of loneliness." In your experience do you feel that this is an exaggeration? Whatever your conclusion. I am sure that we would agree that loneliness is one of the dread diseases of our modern society.

B When the poet sought to express his feelings he give to us these remarkable words:

"There is a mystery in human hearts And tho' we be encircled by a host Of those who love us well, and are beloved To every one of us from time to time There comes a sense of utter loneliness."

C Loneliness seems to congeal in four distinct areas:

1. Loneliness of place.

It makes no difference whether it be desert or city. The vast unoccupied areas are no more lonely than the teeming city streets. Someone asked a man on the train where he was going and his response was, "I'm going to see my kin folk in the mountains. It's so lonely in New York."

2. Loneliness of position.

The scientist who lives in a world by himself; the business man with his vast holdings, his pressures. The little girl with her mother had gone to see the crowning of Queen Elizabeth. As she stood and watched with thousands of others, she said to her mom, 'I feel sorry for Elizabeth. She looks so lonely."

3. Loneliness of misunderstanding.

This is a loneliness that is hard. To feel that no one understands you is frightening. A panel of young people on a radio program -- "The greatest problem

2. 고독의 문제

A BBC 방송의 한 프로그램에서 인터뷰에 응한 어떤 사람이 밝히기를 "대다수의 사람들은 살면서 고독이라는 관을 통과한다"라고 하였다. 당신의 경험상, 이것이 과장된 것이라고 여겨지는가? 당신이 뭐라고 결론짓든지 간에 나는 고독은 우리 현대 사회의 무시무시한 질병 가운데 하나라는 것을 우리가 동의해야 한다고 확신한다.

B 시인들이 자기의 감정들을 표현하기 위하여 찾아낸 이러한 단어들에 우리는 주목하게 된다.
"인간의 맘속에는 요상한 구석이 있다네
비록 우리를 극진히 사랑하는 사람들이 무리지어 우리를 둘러싸고 있더라도,
그래서 우리 모두가 시시로 사랑받고 있더라도
그런 자리에도 극도의 고독감이 찾아 든다네"

C 고독은 네 가지 구별된 영역으로 함축할 수 있다고 본다.

1. 장소로 인한 고독

그곳이 사막이든지 혹 도시든지 별반 다르지 않다. 인적이 없는 광활한 지역들이 사람들이 몰려 사는 도시보다 더 고독한 것은 아니다. 어떤 사람이 기차에서 한 남자에게 어디로 가느냐고 묻자 그가 대답하기를 "나는 지금 산골에 있는 내 친척들을 만나러 가고 있답니다. 뉴욕은 너무도 외롭거든요"라고 하였다.

2. 지위로 인한 고독

과학자는 자신만의 세계에 갇혀서 산다. 사업가는 많은 재물이나 재정적 압박에 매여 산다. 어린 소녀가 엄마와 함께 엘리자베스 여왕의 대관식을 구경하러 갔다. 그녀는 운집한 수천 명의 사람들과 함께 이를 지켜보면서 엄마에게 말하기를 "엘리자베스 여왕님이 불쌍해요. 너무도 외로워 보여요."라고 하였다.

3. 오해로 인한 고독

이는 참기 어려운 고독이다. 아무도 당신을 이해하지 못한다고 느껴지기에 기겁할 지경이 된다. 한 라디오 프로그램에 출연한 어떤 젊은 패널의 말이다.

is to be misunderstood."

    4. Loneliness of conviction.

Those who have deep convictions find themselves on lonely roads - a Knox, a Calvin -- you?

D When Paul picked up his pen to write letters from his prison cell, he was experiencing loneliness of place (prison), loneliness of position (apostle), loneliness of misunderstanding (friends fled), loneliness of conviction (let him be accursed). This problem is faced squarely in the book of Philippians. There were great unchanging truths that were found sufficient in life's trying hours.

Ⅰ. REMEMBRANCE - Phil. 1:3.

In the loneliness of place, shut off from a world outside, he was strengthened by remembrance of his friends. Learn early I life to make friends. Remember, "He that hath friends must first show himself friendly." In his prison epistles constant reference and names of friends.

Ⅱ. RELATIONSHIP - 1:1,13,26 / 2:5 / 3:3 / 4:21.

    A. Each one of us will frequently find ourselves by the very nature of who we are and what we are, shut off from others. However, we have found ourselves "in Christ," a relationship and link that will not be broken.

    B. Study Rom. 8:28,29.

Ⅲ. RECOLLECTION -4:5 Think on this: "The Lord is always beside you."

Ⅳ. RESOURCE - 4:19.

In crowds - alone - wherever we are, this great promise to banish loneliness.

Ⅴ. REWARD - 3:20,21.

"오해받을 때 제일 힘들었습니다."

4. 확신으로 인한 고독
종교개혁자 녹스나 깔뱅과 같이 깊은 확신 때문에 홀로 외길을 가야했던 자들이 있다.
당신은 어떤가?

D 바울이 감옥에 갇혀서 서신서들을 기록할 때, 그는 장소로 인한 고독(감옥), 지위로 인한 고독(사도), 오해로 인한 고독(동역자들의 이탈), 확신으로 인한 고독(그가 저주를 받을찌언 징)을 경험하였다.

이 문제는 빌립보서에서 적나라하게 드러난다. 인생의 시련기에 얼마든지 발견하게 되는 결코 변치 않는 진리들이 있다.

1. 추억 - 빌립보서 1:3
외부세상으로부터 차단되어, 장소로 인한 고독을 겪으면서 그는 그의 벗들을 기억하며 강건함을 유지했다. 나는 살면서 일찍이 친구 사귀는 법을 익혔다. 기억하라. "벗들을 둔 바울은 편지의 서두에서 자신의 우정부터 보여 주었다." 옥중서신에서 그는 계속해서 친구들을 이름을 거론하고 있다.

II. 관계 - 1:1,13,26 / 2:5 / 3:3 / 4:21
A. 우리 각자는 빈빈히 매우 본질적인 문제, 곧 우리가 누구인지 또 우리는 어떤 존재인지 하는 것 때문에 다른 사람으로부터 스스로를 차단시키곤 한다. 그러나 우리는 우리가 "그리스도 안에" 있음을 발견한다. 주님과 연결된 관계는 결코 깨어지지 않는다.
B. 로마서 8:28,29를 연구하라.

III. 기억 - 4:5 이것을 생각하라. "주께서 항상 네 옆에 가까이 계시니라."

IV. 자원 - 4:19
군중 속에 고독을 느끼게 하는 외로움을 퇴치하는데 이보다 대단한 약속은 없다.

V. 보상 - 3:20,21

3. THE PROBLEM OF DOUBT

A The climate of the hour is not faith-producing. The events of the past few years have done much to place a question mark over our most cherished possessions.

B In this decade we have been confronted with the God is Dead theologians who have disturbed the faith of some. The Russians announced, "Our rocket has by-passed the moon; it is nearing the sun and we have not discovered God." The news media carries the disturbed state of Protestants and Catholics who view with astonishment the changing pattern of the Church. Little wonder that the hour in which we live is an hour of doubt.

C One of the men who was used to give the medical school at Johns Hopkins University stature was Dr. Howard A. Kelly. When doubt and scepticism swept through the University he was determined to treat the Word of God as he had other sciences. He would search, study and test the sacred Scriptures. The result of such study is well known, for Dr. Kelly became a man of tremendous faith.

D Doubt is not proof that you do not belong to Christ. From his prison cell John the Baptist sent to Jesus and talked with Him about his doubts. Everything was against him, and the One he had anticipated would help had not come. The doubt-dispelling answer was, "Tell John what is happening. The proof of My Messiahship is My miracles. They are My credentials." God likes to have us certain.

E There are certain areas of doubt to which we now give consideration, remembering that the answer to all doubt is fact.

I . DOUBT AS TO GOD – Gen. 1-3.

3. 의심의 문제

A 현대에는 분위기상 믿을만한 것이라고는 없다. 불과 몇 년 사이에 과거부터 소중하게 간 직해 왔던 것들조차 모조리 의심해 봐야할 처지가 되었다.

B 수십 년 전부터 우리는 심지어 하나님은 죽었다며 기존의 신앙을 뒤흔들어 놓는 신학자 들과 맞부딪쳐야 했다. 러시아인들은 선언하기를 "우리 우주선은 달을 지나 태양에 가까이 다가갔지만 하나님은 보이시 않았다."라고 하였다. 각종 뉴스 매체들은 이제 교회들은 전혀 새로운 형태로 변신해야 된다며 교회의 근간을 뒤흔들고 있다. 누가 보더라도 우리가 살고 있 는 이 시대는 그야말로 불확실성의 시대임에 틀림없다.

C 존스 홉킨스 대학교의 의학부의 수준을 높이 끌어올린 하워드 에이 켈리 박사가 있었다. 대학교 전체에 의심과 회의론이 휩쓸고 있을 때, 그는 하나님의 말씀을 모든 학과에서 가르치 도록 하였다. 그는 성경을 연구하고 가르치고 실천하도록 했다. 이 위대한 믿음의 사람 켈리 박사의 연구 업적은 매우 잘 알려진 바이다.

D 그리스도에게 속해 있는 사람도 불확실성에 빠질 수 있다. 감옥에 갇힌 세례(침례)요한 은 예수님에게 사람을 보내어 의심나는 것을 물어보게 하였다. 그분에 관한 모든 것이 의심스 러웠고, 과연 그분이 그가 그토록 기다려오던 분이란 확신이 서지 않았다. 주님은 그 의심을 일거에 몰아내는 답변을 하셨다. "요한에게 지금 일어나고 있는 일에 대하여 말해 주거라. 내 가 메시야라는 것을 입증하는 이 기적들을 말이다. 이것들은 내가 그라는 증거들이니라." 하 나님께서는 우리에게 확신을 주시는 분이시다.

E 제 우리가 생각해 볼 의심의 몇 가지 종류가 있다. 기억하기 바란다. 그 모든 의심의 답변 들은 실제적이다.

I. 하나님에 대한 의심 – 창세기 1-3"

How many times have you heard, "How can we know there is a God?" There are valid arguments we believe for the existence of the living God.

A. Argument from Cause – back of everything made there is a Maker.

B. Argument from Design – there is design in the universe. This is not an accident. How many times would you have to pour out a bag full of alphabets to get a poem? If you had a trainload of bolts, burs, bodies, wheels, would an accident produce an Oldsmobile?

C. Argument from Man's Moral Nature – there is in every man an awareness of "I ought" or "I ought not."

D. Argument from Revelation – the key given in Genesis I fits the lock. It unlocks, it makes sense.

II. DOUBT AS TO CHRIST – John 1:1-14.

Our greatest certainty about God is found in Jesus Christ. If we believe in Jesus Christ we have God focused. If certainty is our cry, look to Christ. In Jesus Christ God took on visibility.

A. It is an historic fact that Jesus Christ has been here. A word from Josephus

1. A doer of wonderful works.

2. A teacher of truth.

3. "He was the Christ."

4. Pilate condemned Him to death.

5. Disciples forsook Him.

6. He arose the third day.

7. He fulfilled the prophets.

8. Christians are still with us. (Josephus died 95 A.D.)

III. DOUBT AS TO SALVATION – Eph. 2:8 / Titus 3:5,6 / John 3:36.

A. How can I be certain as to my salvation?

I do not feel saved.

Upon what do I rest for my assurance of salvation?

18

우리는 "도대체 하나님이 계신다는 것을 어떻게 알 수 있는가?"라는 말을 얼마나 자주 듣는지 모른다. 살아계신 하나님의 존재를 믿게 하는 몇 가지 적절한 논증들이 있다.

A. 원인과 결과의 논증(인과론) - 만물의 배후에는 그것을 만든 이가 있다.

B. 설계의 논증(목적론) - 우주를 설계한 자가 있다. 이는 우연으로 된 것이 아니다. 수도 없이 가방 속에 알파벳 글자를 채워 넣는다고 해서 한편의 시가 만들어질 수 있는가? 적재함 속에 나사, 드릴, 쇠뭉치, 바퀴들을 집어넣어 둔다고 우연히 자동차가 만들어지겠는가?

C. 인간의 도덕적 본성의 논증 - 모든 인간 속에는 "해야만 하는 일"과 "해서는 안 될 일"에 대한 경각심이 있다.

D. 계시된 원리의 논증 - 창세기에 계시된 삶의 원리에서 벗어나는 삶은 없다.

II. 그리스도에 대한 의심 - 요한복음 1:1-14

하나님에 대한 가장 강력한 확신은 예수 그리스도 안에서 발견된다. 우리가 예수 그리스도를 믿는다면 하나님에게 집중하게 된다. 의심 때문에 못 견디겠으면 그리스도를 쳐다보라. 예수 그리스도 안에서 하나님은 또렷이 보이게 된다.

A. 예수 그리스도께서 실제로 계셨다는 것은 역사적 사실이다. 요세푸스가 이를 증언한다.

  1. 놀라운 기적들을 행하신 분

  2. 진리를 가르치신 분

  3. "그분은 과연 그리스도이셨다."

  4. 빌라도는 그에게 사형을 언도하였다.

  5. 제자들이 그분을 배신하였다.

  6. 그분은 3일만에 부활하셨다.

  7. 그분은 예언들을 성취하셨다.

  8. 그리스도인들은 여전히 우리와 함께하고 있다.(요세푸스는 주후 95년에 사망)

III. 구원에 대한 의심 - 에베소서 2:8 / 디도서 3:5,6 / 요한복음 3:36

A. 어떻게 나의 구원을 확신할 수 있을까?

나에게는 구원받았다는 느낌이 없다.

나는 무엇에 근거하여 구원을 확신해야 할 것인가?

B. Our case rests on the work of Christ - Heb. 9:26.

C. Our case rests on the word of Christ - John 5:24.

IV. DOUBT AS TO LIFE TO COME - John 14:1-3 / Phil. 1:21.

Only One can speak with authority as to that which is beyond. His authority rests on knowledge. He inhabited eternity. He stepped into time and has returned - John 13:3. His life is ours and we will be with Him.

B. 우리의 경우 그리스도께서 행하신 일에 근거를 두어야 한다 - 히브리서 9:26

C. 우리의 경우 그리스도께서 하신 말씀에 근거를 두어야 한다 - 요한복음 5:24

IV. 내세의 삶에 대한 의심 - 요한복음 14:1~3 / 빌립보서 1:21

죽음 이후의 세상에 대하여 권위 있게 말할 수 있는 분은 오직 한분뿐이다. 그분의 권위는 지식에 근거한다. 그분은 영존하시는 분이시다. 그분은 시간 속으로 들어 오셨었고, 다시 되돌아오실 것이다(요 13:3). 그분의 생명이 우리에게 있고 우리는 그분과 언제까지나 함께 할 것이다.

4. THE PROBLEM OF TEMPTATION

A The individual who has begun the Christian life discovers temptation to be a very real problem. Where there is no temptation, there can be little claim to virtue. One of the loveliest of our Gospel hymns focuses attention on this fact with these words:

> "Tempted and tried, I need a great Saviour,
> One who can help my burdens to bear;
> I must tell Jesus, I must tell Jesus;
> He all my cares and sorrows will share.
>
> O how the world to evil allures me!
> O how my heart is tempted to sin!
> I must tell Jesus, and He will help me
> Over the world the victory to win."

B To Know what God has said in His word on this subject is to be aware of the danger and to realize the way to victory.

I . SOURCE OF TEMPTATION – Jas. 1:13.

James has three facts that he is confident will be of help to us:

A. The nature of temptation – temptation has to do with enticement to sin – 13

B. The origin of temptation – comes from satan through our fallen human nature – vs 14.

C. The form of temptation – the word 'divers' is variegate, manifold, gay – vs 2.

II . THE TARGET OF TEMPTATION.

There are those who have the strange belief that only those who are half-

4. 유혹의 문제

A 누구든지 그리스도인으로 살아가게 되면 유혹이란 것이 매우 실재하는 문제임을 발견하게 된다.

유혹이 없는 곳이 있다면 좋아서 쾌재를 부를 수 있을 것이다.

사람들이 좋아하는 찬송가 가운데 이러한 사실을 이렇게 언급한 것이 있다.(21세기 찬송가 365장의 영어 가사)

> "시험당해 괴로운 나에게 위대한 구세주 필요해
> 그분은 내가 짐들을 능히 질 수 있게 도우신다네
> 난 예수님께 아뢰리다 난 예수님께 아뢰리다
> 그분은 나의 모든 염려와 슬픔을 함께 나누신다네
>
> 오 어찌나 세상은 그리도 나에게 악한 것을 부추키는지
> 오 어찌나 내 마음은 죄지으려는 유혹을 받고 있는지!
> 난 예수님께 아뢰리다 그러면 그분이 나를 도와주셔서
> 세상을 이기어 승리케 하실 것이라네"

B 이 주제에 대하여 하나님이 말씀하고 계시는 바가 무엇인지 안다면 그 심각성을 깨달음은 물론 승리의 비법도 터득할 것이다.

I. 유혹의 원인 - 야고보서 1:13
야고보는 이를 깨닫는데 도움이 되는 확실한 3가지 요소를 제시한다.
A. 유혹의 특성 - 유혹은 죄를 짓게 하려는 목적을 가진다 (13절).
B. 유혹의 기원 - 인간의 타락한 본성을 노리는 사탄에게서 나온다(14절).
C. 유혹의 형태 - '여러가지'란 단어는 온갖 잡동사니, 다양성, 화려함을 의미한다(2절).

II. 유혹의 대상
확고한 믿음이 없이 뜨뜻미지근한 신앙을 가진 두마음의 소유자가 유혹을 받는다. 이것은

hearted, mediocre in their faith, are tempted. This is not so. C. S. Lewis made this observation: "No man knows how bad he is until he has tried to be good. There is a silly idea about that good people don't know what temptation means." Another has observed, "There was never anyone so good that he was exempt from trials and temptations."

A. Matt. 4:1 - Our Lord.

B. Acts 5:3 - Ananias and Sapphira.

C. Ⅱ Cor. 11:3 - Corinthian believers.

D. Jas. 1:2 - Brethren.

III. WEAPONS IN TEMPTATION.

One is amazed at the weapons that God has placed at the disposal of His people.

A. Ⅱ Cor. 10:3-5. The weapons that God has provided are mighty. It is hard to exhaust the meaning of this word. It means powerful, able, capable. God's weapons are capable of giving us victory.

B. Eph. 6:10-16. Reflect on the armor available from God's armory.

IV. INSTRUCTION I TEMPTATION.

As long as we live and walk in the world there will be those things which would defeat, debilitate and destroy. God has instruction for us:

A. Prov. 4:5 - avoid. Mark Twain said, "There are several good protections against temptation, but the surest is cowardice."

B. I Cor. 6:18 - flee. Someone has observed, "Most people who flee from temptation leave a forwarding address."

C. Eph. 6:11 - stand. Temptations that find us dwelling in God are to our faith like winds that more firmly root the tree.

D. I Thess. 5:22 - abstain.

틀림없다. 씨 에스 루이스는 이런 견해를 밝혔다. "사람은 그 선함을 시험해 보고 나서야 자기가 얼마나 악한지 알게 마련이다. 유혹을 이겨본 적도 없는 사람을 선하다고 여기는 것은 어리석은 생각이다." 또 다른 이는 이렇게 피력한다. "시련과 유혹을 겪어보지 않은 사람을 선하다고 할 수 없다."

A. 마태복음 4:1 – 우리 주님
B. 사도행전 5:3 – 아나니아와 삽비라
C. 고린도후서 11:3 – 고린도의 교인들
D. 야고보서 1:2 – 형제들

III. 유혹과 싸우는 무기들

하나님께서 자기 백성들의 재량에 맡기신 무기들은 그저 놀랍기만 하다.

A. 고린도후서 10:3~5 하나님께서 제공해 주시는 무기들은 강력하다. 이 단어의 의미를 완벽하게 표현하는 것은 어렵다. 그것은 힘이 넘친다, 능히 해내다, 가능하게 하다는 의미이다. 하나님의 무기들은 능히 우리에게 승리를 가져다준다.

B. 에베소서 6:10~16 하나님의 무기 창고에서 얼마든지 끄집어내어 쓸 수 있는 무기들을 생각해 보라.

IV. 유혹에 대한 교훈

세상에 살며 거니는 동안 이런 것들 때문에 실패하고, 쇠약해지고, 파멸하게 된다. 하나님은 우리에게 교훈하여 주신다.

A. 잠언 4:5 – 피함. 마크 트윈이 말하기를 "유혹에 대처하는 좋은 방안들이 여러 가지이지만, 소심함보다 더 확실한 것이 없다."

B. 고린도전서 6:18 – 달아남. 어떤 사람이 피력하기를 "유혹에서 멀리 달아 난 대부분의 사람들은 앞에 나서서 설치는 것을 삼가하였다"라고 하였다.

C. 에베소서 6:11 – 서 있음. 유혹이 바람같이 몰아닥칠지라도 우리는 하나님 안에 거한다는 믿음을 가지게 된다면 이는 뿌리가 깊은 나무와 같은 것이다.

D. 데살로니가전서 5:22 – 삼가함.

E. Jas. 4:7 - resist. Every moment of resistance to temptation is a victory.

V . PROMISES IN TEMPTATION.
A. I Cor. 10:13. / B. Jas. 1:12. / C. II Pet. 2:9.

E. 야고보서 4:7 – 대적함. 순간순간마다 유혹에 대적함으로써 승리하게 된다.

V. 유혹에 필요한 약속들

   A. 고린도전서 10:13 / B. 야고보서 1:12 / C. 베드로후서 2:9

5. THE PROBLEM OF SIN

A One has scarcely begun the Christian life before there is an awareness that there are those things that invade our lives that disturb our peace with God and produce havoc in our fellowship with Him.

B The problem, whether we want to face it or not, is the problem of sin. The Word of God is careful to designate and define the problem.

    1. Old Testament

        Prov. 21:4 – "a high look and a proud heart... is sin"

        Prov. 24:9 – "the thought of perverseness is sin"

    2. New testament

        Rom. 14:23 – "whatsoever is not of faith is sin"

        Jas. 4:17 – "to him that knoweth to do good and doeth it not..."

        I John 3:4 – "sin is the transgression of the law"

        I John 5:17 – "all unrighteousness is sin"

C This problem, the struggle, the conflict, is not something that should throw us; it is an indication that we have begun a walk with God. In fact, the conflict is an evidence that God has done something in us. Then we need to know that other men of God in the New Testament have had this problem also:

    1. Paul – Rom. 7:21 – "when I would do good, evil is present" Acts 15:38.

    2. Peter – Gal. 2:11-14.

    3. John – I hohn 1:10 / Rev.19:10; 22:8.

It will help us to have a Biblical knowledge as to the way in which sin should be dealt with in our lives.

5. 죄의 문제

A 그리스도인으로서 제대로 된 삶을 시작하려면 우선 우리의 삶에 살며시 들어와서 하나님과의 화목함을 깨고, 그분과 교제하는 것을 망쳐놓는 것들이 있다는 것을 깨달아야만 한다.

B 우리가 원하던 원치 않던 직면하게 되는 문제는 죄의 문제이다. 하나님의 말씀은 이 문제를 지적하며 분명히 드러낸다.

> 1. 구약성경
>   잠언 21:4 – "눈이 높은 것과 마음이 교만한 것...은 다 죄니라."
>   잠언 24:9 – "미련한 자의 생각은 죄요."
>
> 2. 신약성경
>   로마서 14:23 – "믿음을 따라 하지 아니하는 것은 다 죄니라."
>   야고보서 4:17 – "사람이 선을 행할 줄 알고도 행하지 아니하면 죄니라."
>   요한일서 3:4 – "죄는 불법이라."
>   요한일서 5:17 – "모든 불의가 죄로되."

C 이런 문제로 버둥거리며 다투는데 우리를 내동댕이쳐서는 안 된다. 이는 다만 하나님과 동행하기 시작하라는 신호에 지나지 않는다. 사실 죄와 다투고 있다는 것은 하나님께서 우리 속에서 무엇인가를 하고 계시다는 증거이다. 따라서 우리는 신약성경에 등장하는 하나님의 사람들도 이런 문제들을 가지고 있었다는 것을 알아야 할 필요가 있다.
> 1. 바울 – 로마서 7:21 "선을 행하기 원하는 나에게 악이 함께 있는 것이로다." / 사도행전 15:38.
> 2. 베드로 – 갈라디아서 2:11~14
> 3. 요한 – 요한일서 1:10 / 요한계시록 19:10, 22:8

성경적 지식을 가지고 있으면 인생을 살면서 죄를 어떻게 다루어야 하는지 도움이 될 것이다.

Ⅰ. A COMMAND — Rom. 6:12.

As believers we cannot prevent sin from dwelling in us (Rom. 7:20), but God has made provision in the death of Christ that sin should not reign, rule, our lives.

Ⅱ. A NEED — Ⅰ Cor. 11:31.

This is a most informative section. Paul is giving instruction as to our behaviour at the Lord's table. He encourages us as to the need that is ever present to "judge ourselves." If we do not we will be dealt with by God's chastening hand. It is imperative that we discern our condition. Are our lives cold, critical, harsh, unforgiving? If they are we should give attention to righting them.

Ⅲ. A PROVISION — Ⅰ John 1:9.

The death of Christ has made provision for our sin. In His death, forgiveness was secured. However, our enjoyment of the relationship which is ours is dependent upon our confession. Acknowledge our sin.

Ⅳ. AN INSTRUCTION.

It has been observed that there are three ways to deal with the flesh and its desires:

A. Amputation - Matt. 18:8,9.

"cut it off" - not literally, but if your hand causes you to steal, stop it at once-- don't taper off.

B. Mortification - Col. 3:5-10.

To mortify is to cause some part of a living thing to die. Accomplished by the work of God in us Phil. 2:12,13.

C. Limitation - Heb. 12:1.

Weights are to be laid aside. A weight is anything that we become absorbed with that keeps us from being our best for God.

I. 명령 – 로마서 6:12

믿는 자라 할찌라도 죄가 우리 속에 거하는 것을 막을 수는 없다(롬7:20). 그러나 하나님께서는 그리스도의 죽으심으로 말미암아 죄가 우리의 삶을 점거하거나 다스리지 못하도록 해 놓으셨다.

II. 필요 – 고린도전서 11:31

이것은 대단히 유익한 부분이다. 바울은 성찬식에 대하여 언급하면서 우리의 행실에 대하여 교훈하고 있다. 그는 권면하기를 "우리 자신을 살피는 일"이 필요하다고 한다. 만일 그러지 아니하면 하나님께서 그 손으로 징계하실 것이라고 한다. 우리의 상태를 파악하라는 것은 명령이다. 혹 우리의 삶이 냉정한지, 비판적인지, 까칠한지, 용서하지 못하고 있지는 않은지? 만일 그렇다면 우리는 그런 것을 바로 잡으려고 애써야 할 것이다.

III. 준비하심 – 요한일서 1:9

그리스도의 죽으심은 우리의 죄 때문에 마련된 것이다. 그분의 죽으심으로 인하여 용서가 보장되었다. 그러나 우리가 죄를 고백해야만 그 즐거운 사귐이 우리 것이 된다. 우리의 죄를 그분께 알리자.

IV. 교훈

육신과 그 정욕을 다루는 세 가지 방법을 찾아볼 수 있다.

A. 잘라내기 – 마태복음 18:8,9

"그것을 잘라내라" – 이것은 문자적으로 그렇게 하라는 것이 아니다. 만일 당신의 손이 도적질을 하고 있다면, 당장 그것을 멈추라. 조금씩 개선하라는 뜻이 아니다.

B. 억제하기 – 골로새서 3:5~10

억제하려면 일상적인 것 가운데 어떤 것은 완전히 없애 버려야 한다. 이는 우리 안에서 하나님이 일하시도록 해야 가능한 일이다. 빌립보서 2:12,13

C. 제한하기 – 히브리서 12:1

무거운 것들은 옆에 내려놓아야 한다. 우리로 하여금 하나님을 위하여 최선을 다하지 못하도록 헤쳐 놓는 것들이 바로 무거운 것들이다.

6. THE PROBLEM OF WORRY

A A friend of mine spoke to his congregation on the subject of worry, using for his theme, "The sin we are not afraid to commit." Most of us must, if we are honest, plead guilty to being involved in worry at one time or another.

B It is essential that we distinguish between a proper concern that we ought to have about some matters, for if we did not have this, nothing would be accomplished and a fretful anxiety that robs us of peace of mind and strength of body, would result.

C Fretful care and anxiety work a mighty havoc in our lives, as well as in the lives of others. Dr. Ed Podolsky wrote a book entitled, Stop worrying and Get Well. Some of the chapter headings are: "What worry does to the heart" - "High blood pressure and worry". It is of great interest to know that more than 200 scientific papers have been prepared on the relation of the emotions to cancer, with a staggering amount of evidence to indicate that worry has bearing on this disease.

D William Sadier in his book, The Physiology of Faith and Fear, makes this observation, "The human mind can accomplish wonders in the way of work, but it is soon wrecked when directed in channels of worry.

E What does the Bible say about worry? It may be startling, but if you take an exhaustive concordance you will discover that the word is never once used. However, there is a remarkable word which is used to designate this problem that frequently invades our lives. It is the word merimnao and carries with it the thought of anxiety, brooding, to be worried. We turn our attention to the way in which the Spirit of God directs us to deal with this problem.

6. 염려의 문제

A 나의 친구 목사는 염려를 주제로 하여 "겁도 없이 범하게 되는 죄"라는 제목으로 설교를 하였다. 우리들 거의 전부는 솔직히 시도 때도 없이 염려라는 죄를 지으면서도 변명하는 데에 급급하다.

B 본질적으로 우리는 어떤 일을 성취하는데 있어서 반드시 있어야만 되는 적절한 관심과 우리에게서 결과적으로 마음의 평정과 육체의 기력을 앗아가는 초조한 염려를 구분해야만 한다.

C 초조한 염려와 근심은 우리 삶뿐만 아니라 다른 사람의 삶까지도 무참하게 황폐시키는 작용을 한다. 에드 포돌스키 박사는 "염려함을 그치고 잘 살기"라는 책을 저술하였다. 몇 몇 장의 제목은 이러하다. "염려가 심장에 미치는 작용", "고혈압과 염려". 감정과 암의 연관성에 대하여 연구한 200개 이상의 과학 논문에서 아주 흥미로운 점을 볼 수 있는데, 염려가 암의 원인이 될 수 있다는 증거가 놀라울 정도로 많이 제시되어 있다.

D 윌리엄 새디어는 그의 책 "믿음과 두려움의 생리학"에서 이런 견해를 피력했다. "인간의 마음은 경탄할 정도로 일의 성취를 보이다가도 염려라는 상황에 노출되면 급격히 멈칫거리게 된다."

E 성경은 염려에 대하여 뭐라고 말하는가? 만일 당신이 성구 사전을 샅샅이 뒤져본다면 이 단어가 단 한 번도 사용된 적이 없다는 것을 발견하고 깜짝 놀라게 될 것이다.(번역자 주: 한글 성경에는 염려라는 단어가 쓰이고 있지만 이는 원문을 의역한 것이다.) 하지만 우리의 삶 가운데 빈번히 스며드는 이 문제를 가리키는데 사용된 주목할 만한 단어가 있다. 그것은 헬라어로 '메림나오'라고 하는데, 이는 염려를 가져오는 걱정스런 생각을 하거나 가슴앓이 하는 것을 의미한다. 우리는 돌이켜 하나님의 성령께서 우리를 지도하시어 이 문제를 잘 다룰 수 있게 해 주시는 쪽으로 관심을 가져야 한다.

I . KNOWLEDGE OF GOD – Matt. 6:32.

The word that we would commonly use for the problems of life that distress and annoy is used repeatedly in this section.

Matt. 6:25 – "take no thought for your life...eat...drink..put on."

Matt. 6:27 – "which of you by taking thought"

Matt. 6:28 – "why take ye thought for raiment"

Matt. 6:31 – "take no thought"

Matt. 6:34 – "take therefore no thought"

The word thought is literally anxious care – worry – anxiety. Not that in this context he speaks largely about our bodies, what we will put in and put on.

Remedy: God knows our needs.

II . ABILITY OF GOD – Luke 12:28.

A. We find ourselves considering a parallel passage to Matthew 6. The word thought is used in vs 22,25,26.

B. However, the remedy for anxious care rests here in the fact of God's ability.

See vs 28 – If God clothe the grass he is able to clothe you.

Observe vs 32 – God's good pleasure is to give us the kingdom.

III . AVAILABILITY OF GOD – Phil. 4:6.

Paul writes to the Philippian believers a word that would help them in hours that would be hard and distracting. Be careful for nothing, he says, but in everything by prayer and supplication let your requests be made known unto God.

They will not escape cares, anxieties, but the remedy will always be the availability of God. God will hear, God can be told every detail of our lives.

IV . CARE OF GOD – I Pet. 5:7.

As Peter writes, he uses this word given by our Lord in Matthew and in Luke and again in Philippians. The book of I Peter has to do with troubles, trials.

These believers had occasion to be anxious, to worry. "Don't!" cries Peter.

I. 하나님의 지식 – 마태복음 6:32

인생이 괴롭고 힘들 때 우리가 흔히 사용하는 말이 이 부분에서 반복적으로 쓰이고 있다.

마태복음 6:25 "목숨을 위하여...먹을까...마실까...입을까 염려(생각)하지 말라"

마태복음 6:27 "너희 중에 누가 염려(생각)함으로"

마태복음 6:28 "너희가 어찌 의복을 위하여 염려(생각)하느냐"

마태복음 6:31 "염려(생각)...하지 말라"

마태복음 6:34 "그러므로 ...염려(생각)하지 말라"

생각이라는 단어는 문자적으로 걱정 – 염려 – 불안이다. 본문은 단지 우리 육체가 먹고 입는 것에 대하여 말하고 있는 것이 아니다.

치료책: 하나님은 우리의 필요를 알고 계신다.

II. 하나님의 능력 – 누가복음 12:28

A. 이는 마태복음 6장과 병행구이다. 염려(생각)이라는 단어가 22,25,26에 사용되었다.

B. 그런데 이 구절에서 걱정을 위한 치료책은 하나님의 능력이라는 사실에 달렸다.

28절을 보라 – 들풀도 입히시는 하나님이신데 그분이 능히 당신도 입히실 것이다.

32절을 주목하라 – 하나님의 선한 뜻은 우리에게 그 왕국을 주시는 것이다.

III. 하나님의 가능케 하심 – 빌립보서 4:6

바울은 빌립보 교인들에게 쓴 편지에서 어렵고 힘겨운 시간을 보내는 자들에게 도움이 되는 말씀을 한다. 그가 이르기를, 아무것도 염려하지 말고, 오직 모든 일에 기도와 간구로 너희의 구할 것을 하나님께 알게 하라고 한다.

그들에게 있어 근심과 걱정을 피하는 대신에, 가능케 하시는 하나님이 항상 그 치료책이었다. 하나님께서 들으시니, 하나님께 우리 인생의 세세한 부분까지 아뢸 수 있는 것이다.

IV. 하나님의 돌보심 – 베드로전서 5:7

이 말씀은 이미 우리 주님께서 마태복음과 누가복음에서 하신 것이며, 빌립보서에서 반복한 것이다. 베드로전서는 고난과 시련에 대하여 다루고 있다. 이런 상황에서 이들 신자들은 당연히 염려하고 근심해야 했다. 그렇지만 "하지 말라!"고 베드로가 호소한다.

7. THE PROBLEM OF SUFFERING

A "Why must I suffer?" was the question that leaped from the heart of a young lady dying with cancer. If God is good--and He is--why doesn't He do something about this persistent problem that plagues all who ever think seriously about God?

B I do not think it possible to treat this matter lightly or brush it off with a spiritual shrug. The Eternal God is not a God of caprice. He can never become a victim of His creation. Things are not out of control. The poet said,

"God's purposes will ripen fast Unfolding every hour, the bud may have a bitter taste, But sweet will be the flower."

As we give attention to this persistent problem, we ask questions that are pertinent:

Ⅰ. WHY IS THERE SUFFERING?

we believe the Word of God throws the only reasonable light upon our problem.

A. We are part of a fallen human race.

The fall of man has left its mark on the entire human race. By one man sin entered the blood stream of the human race; suffering also entered in the form of conflict, corruption, pain, drudgery and death. God is not responsible for this. When the woman was deceived and the man took sides with her, disobedience entered the total personality and man has been in revolt against God ever since. Every man coming into the world has been spiritually dead and off God's wave length, out of line with Him.

B. A divine principle operating in human life - Gal. 6:7: "what men sow they reap."

7. 고통의 문제

A "어째서 내가 고통을 당해야 하나요?" 이는 암에 걸려 죽어가는 한 젊은 여성의 마음에서 튀어나온 의문이었다. 좋으신 하나님이시라면서, 그러하신 분이 어째서 모든 사람들을 넌더리나게 괴롭혀대는 이런 끊임없는 문제 때문에 하나님에 대한 온갖 악한 생각을 하는 것을 뻔히 보시면서도 아무런 일도 하지 않는 것일까?

B 나는 이 문제는 가볍게 다루거나 혹 영적으로 풀면 쉽게 싹 지울 수 있는 것이라고 생각하지 않는다. 영원하신 하나님께서는 변덕장이 하나님이 아니시다. 그분은 결코 그분의 피조물에 위해를 가하실 수 없는 분이시다. 만물은 질서에서 벗어나지 않는다. 시인이 이렇게 말하였다. "하나님께서 목적하신 것들은 무르익어 틀림없이 펼쳐진다네 언제나 말일세. 꽃봉오리는 지금 쓴 맛을 가졌을지라도, 곧 달콤한 꽃향기를 내게 된다네." 이런 끊임없이 계속되는 문제들에 대하여 생각할 때, 이러한 질문들을 해보는 것은 적절하다.

I. 어째서 고통이 존재하는가?

우리는 하나님의 말씀만이 우리의 문제 위에 비추는 오직 하나뿐인 합리적인 빛이라고 믿는다.

A. 우리는 타락한 인류에 속한다.

인간의 타락은 전체 인류에게 그 흔적을 남겼다. 한 사람의 죄가 인류의 혈통 속에 들어왔다. 고통이 갈등, 부패, 아픔, 고초, 죽음이라는 형태로 유입되었다. 하나님께서는 이런 것에 대한 책임이 없으시다. 여자가 꼬임이 넘어갔고, 남자는 그녀와 함께 동참하였기에, 불순종이 전 인격을 장악해 버렸고, 그 이후 인간은 끊임없이 하나님을 거슬려 반역하고 있다. 세상에 태어난 모든 사람은 영적으로 죽은 상태로 있으며 하나님의 뜻을 저버린 채 그분과 동행하지 못하고 있다.

B. 인간의 삶에 작용하는 하나님의 원리 - 갈라디아서 6:7

"사람이 무엇으로 심든지 그대로 거두리라."

C. There is the aspect of heredity - See Ex. 20:5 / Matt. 27:25 / Deut. 28:65.

II. WHY DOES GOD ALLOW IT?

Since suffering is evident and its hand rests upon those who live for God, is there a reason why God permits or allows this strange thing? Let us observe portions that deal with this important truth.

A. He humbled them - Deut. 8:2,3.

B. He did not humiliate them - humbled is the word.

C. He educated them - Deut. 8:2,3.

D. He disciplines us - Heb. 12:3-14.

Don't miss this great passage. We are in God's school. One of the courses is suffering, and it is not an elective.

E. He deepens our fellowship - Isa. 63:9.

This is the great theme of identification. Think of it. The eternal God in fellowship with us in our suffering.

III. WHERE IS OUR ENCOURAGEMENT?

To reflect on these truths is to find strength in difficult hours.

A. He knows - Job 24:10.

B. He helps - Psa. 73:21-24.

C. He cares - Psa. 103:14,15 / Psa. 136:23.

D. He works - Rom. 8:28.

E. He plans - Rom. 8:18-21.

Books of value on this theme: The problem of Pain - C. S. Lewis / The Mystery of Suffering - Hugh Evan Hopkins / The Mystery of suffering - James H. Brookes

C. 세습되는 경향이 있다. - 출애굽기 20:5 / 마태복음 27:25 / 신명기 28:65을 보라.

II. 어째서 하나님께서 그것을 허락하시는가?

분명히 고통이란 것이 심지어 하나님을 위하여 사는 사람들에게 조차 그 마수를 뻗는 것을 보게 되는데, 어째서 이런 이상한 일을 하나님께서는 허락하시거나 허용하시는 것일까? 이런 중요한 진리를 다루고 있는 구절들을 살펴 보도록 하자.

A. 그분은 그들을 낮추셨다. - 신명기 8:2,3

B. 그분은 그들로 수치를 당하게 하신 것이 아니었다. 낮아짐으로 말미암아 말씀을 붙들게 하셨다.

C. 그분은 그들을 교훈하셨다. - 신명기 8:2,3

D. 그분을 우리를 단련하신다. - 히브리서 12:3~14

이 위대한 구절을 놓치지 말라. 우리는 하나님의 학교에 입학한 자들이다. 그 이수 과정 가운데 하나가 고통이다. 이는 선택과목이 아니다.

E. 그분은 우리와 더 깊은 사귐을 갖게 되신다. - 이사야 63:9

이것은 진정 우리를 우리되게 하는 위대한 테마이다. 이것을 생각하라. 영원하신 하나님께서 우리와 교제하시되 우리의 고통 기운데서 하신다.

III. 어디에서 우리는 용기를 얻어야 하는가?

이러한 진리들을 숙고하게 되면 고난의 시간동안 힘을 얻게 될 것이다.

A. 그분이 아신다 - 욥기 24:10

B. 그분이 도우신다 - 시편 73:21~24

C. 그분이 돌보신다 - 시편 103:14,15 / 시편 136:23

D. 그분이 일하신다. - 로마서 8:28

E. 그분이 계획하신 것이다. - 로마서 8:18~21

이 테마에 관한 가치있는 책들을 소개한다. - 고통의 문제 - 씨 에스 루이스 / 고통의 신비 - 휴 이반 홉킨스 / 고통의 신비 - 제임스 에치 브룩스

8. THE PROBLEM OF DEFEAT

A There are few people who have not experienced some time in their Christian life the problem of defeat. Situations arise that are too much for us and we find ourselves struggling against overwhelming odds.

B In these times we cry out for an answer, little realizing that God has placed within His Word men of like passions as we are who have something to say that can change the course of life.

C A man has failed. Tucked away comfortably under his juniper tree, he asks that death may close in upon him. When we hear his request we can hardly believe it. It just isn't like him. Yesterday he faced the enmy. Yesterday he reached God. But look at him now!

D More remarkable than Elijah's request is the way God treated him. He watched over him. Had God reproached him at that time He would have broken the already bruised reed and snuffed out the smoking flax. Think of it! Instead of smiting Elijah for his inconsistency, God brought to him the balm of Gilead for his bruised heart. There was no word of rebuke, for "He knoweth our frame." He knows how we are put together, where the weak points are, and He makes allowances for the moods of which we are not so much the author as the victim.

E Let us look at this with a prayer that God will help us as we see:

Ⅰ. ELIJAH'S DEFEAT - Ⅰ Kings 19:1-3.

What had produced this strange malady in the life of the prophet? The answer is obvious.

    A. He forgot.

        1. The brook.

8. 실패의 문제

A 그리스도인으로서 삶을 살면서 어느 순간 실패의 문제를 겪어보지 않은 사람은 거의 없다. 우리가 감당할 수 없는 엄청난 일들이 터지면 우리는 그 최악의 상황을 이겨보겠노라고 악전고투하게 된다.

B 이런 순간들을 맞이하면 우리는 하나님이 그분의 말씀 안에서 함께하신다는 것을 제대로 깨닫지 못한 채, 울분을 참지 못하고 과연 누가 이런 삶을 바꿔놓을 수 있을는지 뭔 말이든 대답해 보라며 울부짖게 된다.

C 어떤 사람이 실패하였다. 로뎀나무 아래에 넋 놓고 숨어서 움츠러진 채 제발 죽여 달라고 빌고 있었다. 그가 이런 식으로 요청하다니 믿을 수가 없다. 그는 예전의 그가 아니었다. 어제만 해도 그는 적과 맞선 자였다. 어제 그는 하나님께 닿아 있었다. 그런데 이제 그의 꼴을 보라!

D 엘리야의 요구보다 더 기막힌 것은 그를 다루시는 하나님의 방법이나. 그분은 그를 측은히 내려다 보셨다. 과연 그 순간 하나님께서는 그에게 다가가셔서 이미 상한 갈대를 꺾어버리시고 연기만 피어오르는 심지를 꺼버리셨을까? 이를 생각하라! 엘리야의 변덕스러움을 치시는 대신, 하나님께서는 그의 상처받은 심령을 위해 길르앗의 향료를 그에게 가져다 주셨다. 단 한마디의 책망도 없었다. 실로 "그분은 우리의 형질을 아신다." 그분은 우리가 어떻게 조성되었으며, 어느 부분이 약한지 알고 계시기에, 그분은 씨무룩해져 있는 우리가 주동자가 아니라 오히려 희생자라고 참작해 주신다.

E 우리가 살펴본 것처럼 하나님께서 우리도 도와주시길 기도하면서 이것을 바라보자.

I. 엘리야의 실패 – 열왕기상 19:1~3

무엇이 선지자의 인생에 이처럼 요상한 병폐가 생기도록 했을까?

그 대답은 분명하다.

A. 그는 잊었다.

    1. 시냇가에 일.

2. The barrel.

3. The boy.

B. He saw

1. Circumstances.

2. Jezebel.

II. ELIJAH'S DISCOVERY - I Kings 19:5,6.

He discovered that his problems had been met by God's provision. This is a great revelation.

A. He was tired - God gave him sleep.

B. He was hungry - God gave him food.

C. He was alone - God sent an angel.

We are well on the road to victory when we are able to recognize that for our problem there is God's solution. For our question there is God's answer.

III. ELIJAH'S DELIVERANCE - I Kings 19:7,16.

The deliverance of God are astonishing. There was evidence that God was not through with him. God came the second time. Here is the suggestion of our greatest realization.

A. Forgiveness.

He would not have come had there not been a provision for restoration. Grasp this truth!

B. Responsibility.

"Find jehu and Elisha." Many of our greatest defeats come because we have no deep concern for others.

2. 가루통의 기적

3. 다시 살아난 아이

B. 그는 보았다.

1. 환경들

2. 이세벨

II. 엘리야의 회복 – 열왕기상 19:5,6

그는 자기의 문제들이 하나님의 미리 준비하심으로 말미암아 해결되는 것을 발견했다.

A. 그는 지쳐 있었다 – 하나님은 그에게 잠을 주셨다.

B. 그는 굶주려 있었다. – 하나님은 그에게 음식을 주셨다.

C. 그는 고독했다. – 하나님은 한 천사를 보내셨다.

우리의 문제에는 하나님의 해결하심도 함께 있다는 것을 능히 깨닫는다면 우리는 승리의 길에 제대로 들어선 것이다. 우리의 질문에는 반드시 하나님의 대답도 함께 있다.

III. 엘리야의 구원 – 열왕기상 19:7,16

하나님의 구원하심은 그저 놀라울 뿐이다. 하나님께서는 절대로 그것으로 끝내 버리지 않으셨다. 하나님은 제 2의 때가 오게 하셨다. 여기에 우리가 반드시 깨달아야 할 시사점이 있다.

A. 용서

그분이 오시지 않았다면 거기에는 양식을 먹고 회복되는 일도 없었을 것이다. 이 진리를 꽉 붙들라!

B. 책임

"예후와 엘리사를 찾으라." 우리가 실패하게 되는 가장 큰 이유는 우리가 타인에 대해 깊은 관심을 가지지 못하기 때문이다.

9. THE PROBLEM OF DEATH

A When Alfred Lord Tennyson thought about the greatest of all themes he wrote:

"Sunset and evening star,

And one clear call for me!

And may there be no moaning at the bar

when I put out to sea.

For though from out the bourne of time and place

The flood may bear me far,

I know I'll see my Pilot face to face

When I have crossed the bar."

B The writer of the Hebrew Epistle reminds his readers that there is an appointment that each one of us will meet – Heb. 9:27.

It has been well said that "Pale death, with impartial step, knocks at the poor man's cottage and the palaces of kings."

C The individual who has a personal faith in Jesus Christ possesses eternal life, the life of God – John 3:16-18 / John 3:36 / John 5:24. Here is continuity, endlessness.

Take a long look at the words of the Lord Jesus to Martha in John 11:24-27. The only one who is ever propared for death is the one who is "in Jesus Christ."

D There are great truths that help us to meet this appointment without deep concern and fear. It is to these we turn with the hope that our faith will be strengthened. If we could stand beyond the portals of death and look back I am sure that we would find.

I . DEATH HAS BEEN EASY.

A. One of the words chosen by the Spirit of God to describe the experience of

9. 죽음의 문제

A 알프레드 로드 테니슨은 가장 중차대한 인생 주제를 생각하면서 이런 글을 남겼다.
"해 저문 뒤 저녁 별,

그리고 그 하나 청아하게 나를 부르네!

또한 아마도 그곳 모래톱에는 슬픔이 없으리

나 바다로 떠날 때에

비록 시간과 장소의 경계 저 바깥쪽 멀리

큰물이 나를 밀어낸다 해도

나 안다네 나의 키잡이를 얼굴과 얼굴을 맞대고 볼 수 있다는 것을

나 그 모래톱 건너갔을 때에

B 히브리서 기자는 그의 수신자들에게 우리 각 사람이 하나같이 겪게 될 약속이 있다는 것을 상기시켜 준다 – 히브리서 9:27.

이를 "창백한 죽음, 공평하게 가난뱅이의 오두막에도 왕들의 궁궐에도 찾아와 문 두드리네"라고 잘 말해주고 있다.

C 예수 그리스도를 인격적으로 믿고 있는 개개인은 영생, 곧 하나님의 생명을 소유하고 있다 – 요 3:16~18 / 요 3:26 / 요 5:24. 이는 영속적이며, 무한하다.

요한복음 11:24~27에서 주 예수님께서 마르다에게 하신 말씀들을 오래 쳐다보라. 오로지 "예수 그리스도안에" 있는 사람만이 죽음을 제대로 준비한 자이다.

D 심각한 염려나 두려움 없이 이 약속을 맞이하는데 도움이 되는 위대한 진리들이 있다. 돌이켜 이것들에 소망을 둔다면 우리의 믿음은 견고해 질 것이다. 죽음의 문을 지나 뒤를 돌아보면 틀림없이 알게 될 것이라고 확신한다.

I. 죽음은 안락한 것이다.

A. 죽음의 경험을 묘사하기 위하여 하나님의 성령께서 선택하신 용어는 "잠들다"이다. 잠

death is the word "sleep." It is interesting to know that sleep does not cause the flow of our natural life to cease. Sleep is soothing and bears with it the thought of rising again.

    B. The processes that lead to death may be difficult, painful, but the experience itself is a sleep. See John 11:11 / Acts 7:60 / I Thess. 4:13.

II. DEATH HAS HAD A WONDERFUL COMPANION.

    A. There is One who has passed through death and is alive forevermore.

    B. Psalm 23 indicates that this Lord known so well by David would be with him when this experience came.

    C. The ministry of angels in death is of more than passing interest - Luke 16:22.

III. DEATH HAS RESTORED US TO HAPPY FELLOWSHIP WITH LOVED. ONES.

William Jennings Bryan once said, "Christ has made of death a narrow, starlit strip between the companionships of yesterday and the reunions of tomorrow." One feels the tension of death dissipated when he reflects upon that moment when he meets those who will be waiting. It sounds like an airport, a station, a bus depot, with expectant friends and relatives eagerly awaiting our arrival.

    Gen. 25:8 / Gen. 35:29 / Gen. 49:23 / Num. 20:24-27.

IV. DEATH HAS USHERED US INTO THE MAJESTIC SIGHTS OF HEAVEN.

We catch something of the wonders of heaven in the death of Stephen. For a brief moment he saw the heavens opened and Jesus standing. He saw the glory of God. words cannot describe the wonder of such a scene which we shall experience.

V. DEATH HAS GREAT CERTAINTIES.

    A. We know we go immediately to heaven - Phil. 1:21-23 / II Cor. 5:1-10.

    B. We know we are in a state of bliss - Luke 23:43 / II Cor. 12:4 / Rev. 2:7.

    C. We know the dead are alive - Luke 9:30 / Luke 20:35-38 / Rev. 6:9-11.

들었다고 했으니 흥미롭게도 이는 우리의 목숨이 끝난 것이 아닌 것임을 알아야 한다. 스르르 잠이 들면서 다시 일어나야한다는 생각을 가지게 된다.

    B. 죽음에 이르는 과정들은 힘들고, 고통스럽지만 그러한 경험은 잠드는 것에 불과하다. 요한복음 11:11 / 사도행전 7:60 / 데살로니가전서 4:13을 보라.

II. 죽음은 훌륭한 동반자와 함께 하는 것이다.

    A. 죽음을 통과한 후 영원히 사시는 분이 계시다.

    B. 시편 23편에서 다윗은 이 주님께서 이러한 경험을 할 때 그와 함께 하실 것이라고 아주 잘 지적하고 있다.

    C. 죽음에 있어서 천사들의 사역은 단순한 흥미꺼리 그 이상이다 - 누가복음 16:22.

III. 죽음은 우리를 회복시켜 사랑하는 사람들과의 행복한 교제를 가지게 한다.

    윌리암 제닝스 브라이언은 이런 말을 한 적이 있다. "그리스도는 죽음으로 어제의 동료들과 내일의 친목회원들 사이를 얄포름하게 밀착시켜 주셨다." 어떤 사람은 죽음이란 단지 자기를 기다리는 사람들과 만나는 순간이라고 여기는 자 앞에서 죽음은 그 힘을 잃고 만다고 여긴다. 이는 마치 공항, 역, 버스 터미널 같은 데서 친구들과 친척들이 우리가 도착하기를 간절히 기다리는 것과 같은 이치이다.

    창 25:8 / 창 35:29 / 창 49:23 / 민 20:24~27

IV. 죽음은 그 장엄한 광경이 펼쳐지는 천국으로 우리를 인도해준다.

    우리는 스데반의 죽음에서 경탄할 천국의 광경을 떠오르게 된다. 그는 잠깐사이에 하늘이 열리고 예수께서 서계신 것을 보았다. 그는 하나님의 영광을 보았다. 우리가 경험하게 될 그 같은 경이적인 광경은 가히 말로서는 표현할 수 없다.

V. 죽음은 대단한 확신을 가지게 한다.

    A. 우리는 죽는 즉시 하늘로 간다는 것을 안다. - 빌1:21-23/고후5:1-10

    B. 우리는 축복된 상태로 있게 된다는 것을 안다. - 눅23:43/고후12:4/계2:7

    C. 우리는 죽은 후에도 여전히 살아있다는 것을 안다. - 눅9:30/눅20:35-38/계6:9-11

10. THE PROBLEM OF UNANSWERED PRAYER

A "Prayer is the mightiest force that man can wield."

This was the word of the poet as he reflected on the mightiness of prayer. Multitudes have found that the poet seems to have overstated the case, for in their lives prayer does not seem to have unlocked the door of heaven.

B Has your prayer life bogged down? Have doubts invaded your life on the power of prayer? Have you said, "I have prayed and so few answers have winged their way into my desperate situation?" Let's look just a moment at this problem of answer:

1. There can be a YES - this is an answer.
2. There can be a NO - this is an answer.
3. There can be a YES, BUT NOT YOUR WAY.
4. There can be a YES, BUT WAIT AWHILE.

C However, the concept that we have of prayer is that God does have YES answers and these are the ones that seem to evade me. In reading one of the greats of another generation on this subject, we were confronted with these words, "By an answered prayer is meant one to which God has said YES. No use to evade this by tampering with definitions. Some say that asking and getting things from God is a pitiably small concept of prayer...nevertheless the fundamental idea of prayer is just that.

Both your Bible and your dictionary are authority for this. "Ask and ye shall receive i.e., the thing you ask, not something else."--W.E. Biederwolf, How Can God Answer Prayer? p. 230-231.

D We are concerned about this great problem of why prayers are not answered. Does God have anything to say in His Word on this subject? We believe He does.

10. 응답이 없는 기도의 문제

A "기도는 인간이 사용할 수 있는 가장 막강한 병기이다."

이것은 기도의 위력을 과시하기 위하여 쓰인 시인의 시어이다. 이 경우처럼 상당히 많은 시에서 과장된 표현을 하고 있는 것을 본다. 실제 삶에서는 기도로 하늘의 빗장을 연 적이 별로 없어 보임에도 말이다.

B 혹시 당신의 기도 생활은 수렁에 빠져있지 않은가? 기도의 능력에 대한 의심들이 당신 삶에 있지 않은가? 당신은 말하기를 "기도를 해 보았지만 응답들이라고 해 봤자 아주 조금 날개 짓을 할 뿐 나는 절망 가운데 여전히 머물러 있다"고 하지는 않는가? 이런 응답의 문제에서 잠깐 생각해 볼 것이 있다.

> 1. 거기에는 '그렇다' 가 있을 수 있다. - 이것은 응답이다.
> 2. 거기에는 '아니라' 가 있을 수 있다. - 이것도 응답이다.
> 3. 거기에는 '그렇다, 하지만 네게는 그 방법이 아니다' 가 있을 수 있다.
> 4. 거기에는 '그렇다, 하지만 잠시 기다리라' 가 있을 수 있다.

C 그러나 기도에 대하여 우리가 가진 개념은 하나님께서 '그렇다' 라고 하시는 것만 응답이며, 다른 것들은 나를 얼루기 위한 것이라고 여긴다. 다른 시대에 살던 신앙 위인들이 이 주제에 대하여 다룬 글을 읽어보면, 우리는 이러한 말들을 마주 대하게 된다. "소위 응답받은 기도라고 했을 때 이를 하나님께서 '그렇다' 라고 말씀하신 것으로만 생각한다. 기도의 정의들을 함부로 손대서 왜곡시켜봤자 소용이 없다. 누가 말하기를 하나님께 구하여 뭔가를 얻어 내는 것은 기도에 대한 초라하리만치 작은 일개 개념에 불과하다고 하였다....그렇지만 본질적으로 기도라는 것은 구하고 받는 그런 것이다."

성경과 사전 둘 다 이렇게 권위 있게 정의한다. "구해서 받는 것, 곧 다른 것들은 관두고 당신이 구한 것을 받는 것이다." -- W. E. 피더울프의 어떻게 하나님께서 기도에 응답하시는가? p.230-231

D 우리는 어째서 기도가 응답되지 않는지 이 중대한 문제에 관심을 가지고 있다. 이 주제에 대하여 하나님은 그분의 말씀에서 뭐라고 말씀하시는가? 우리는 그분이 하시는 대로 믿는다.

Ⅰ. THE PROBLEM.

If this has bothered you, move over, You have company. Let us give attention to others who have been faced with this.

A. Job 19:7 / B. Job 30:20 / C. Psalm 22:2 / D. Psalm 35:13/

E. Lamentations 3:8 / F. Lamentations 3:44.

Here are men of God who faced a desperate situation in their lives. They prayed but there was little response.

Ⅱ. THE HINDRANCES.

It is hard to level with God. Other folk have real problems, but we seem to be quite free--this is the prevalent attitude. The Word of God is very careful to put the finger on reasons:

A. Psa. 66:18 - If we have unconfessed sin in our hearts and look upon it with favor. do not judge it and put it away, we might just as well zip up our lip.

B. Prov. 28:9 - Refusal to hear and obey will close heaven.

C. Ezek. 14:3 - A life occupied with idols turns away the attention of God.

D. Matt. 21:18-22 - Unbelief will stop God.

E. Mark 11:25-26 - An unforgiving spirit.

F. James 4:3 - Wrong motive in prayer.

Ⅲ. THE ENCOURAGEMENT.

Right now you are reflecting and assuring your heart that as far as you can know there are none of these hindrances, yet you seem to receive so few bundles from heaven. What then? Stand up and stand tall! Some of God's tallest folk went apparently unanswered.

A. Hannah - Ⅰ Sam. 1

B. Our Lord who knew no sin - Matt. 26:39 with Heb. 5:7.

C. Martha and Mary - John 11:1-4,40.

D. Paul - Ⅱ Cor. 12:98-10.

I. 문제

이 문제가 당신을 괴롭히고 있다면, 괜찮다. 당신만 그런 것이 아니다. 이런 문제를 만났던 다른 사람들의 사례에 주목해 보기 바란다.

A. 욥기 19:7 / B. 욥기 30:20 / C. 시편 22:2 / D. 시편 35:13/

E. 예레미야애가 3:8 / F. 예레미야애가 3:44

자기들의 삶에서 절망스런 상황을 맞이해야 했던 자들은 한결같이 하나님의 사람들이었다. 그들도 기도를 했지만 응답은 적었다.

II. 방해

하나님의 의중을 제대로 간파한다는 것은 그리 쉽지 않다. 어떤 사람에게는 심각한 문제라도, 우리에게는 진정 아무렇지도 않을 수도 있는 것이 세상에는 아주 흔하다. 하나님의 말씀은 매우 신중하게 그 이유들을 지적한다.

A. 시편 66:18 - 만일 우리가 마음에 담고 있는 죄를 고백하지 않으면서 은혜 주실 것만 바라며 죄를 품고 있다면, 이는 단지 입술로만 그럴싸하게 선한 척하고 있는 것뿐이다.

B. 잠언 28:9-들은 대로 순종하는 것을 거절하는 사람에게 하늘문은 여전히 닫혀 있다.

C. 에스겔 14:3-우상들을 마음에 두고 살면 하나님은 눈꼽만큼도 관심을 두시지 않는다.

D. 마태복음 21:18~22-불신은 하나님을 멈추게 한다.

E. 마가복음 11:25~26-용서하지 않는 마음

F. 야고보서 4:3-잘못된 동기로 드리는 기도

III. 용기

지금 즉시 말씀에서 확인한 대로 당신의 마음을 살펴서 그러한 방해물들을 모조리 치워버렸다고 해서 당신이 곧바로 하늘로부터 엄청난 선물 꾸러미들을 받게 되는 것은 아니다. 그렇다면 다음은 무엇인가? 일어나서 의기양양하게 우뚝 서야한다. 하나님께 속한 신앙의 거장들도 언뜻 보기에는 응답을 받지 못했었다.

A. 한나 - 삼상 1

B. 죄를 알지도 못하신 우리 주님 - 마 26:39 / 히 5:7

C. 마르다와 마리아 - 요11:1~4, 40

D. 바울 - 고후 12:8~10

2장

성경의 비전들

BIBLE VISIONS

1. OUT OF THE STORM(Job 40:6 Job 42)

A We have just had the privilege of singing one of the greatest hymns in the English language. Henry Ward Beecher said, "I would rather have written that hymn than to have the fame of all the kings that ever sat on earth; it is more glorious; it has more power in it. I would rather be the author of that hymn than to hold the wealth of the richest man in New York. He will die, but people will go on singing that hymn until the last trump brings forth angel bands."

B What makes Jesus, Lover of my Soul so great? One thing! It tells the story of a man caught in a storm and his rescue. Charles Wesley had visited our country and had experienced great disappointment and frustration. On his way back to his own country the ship was caught in a storm, a very frightening one, and it appeared for certain that all would be lost. Finally on December 3 the ship arrived at land.

Wesley wrote in his journal, "I knelt down and blessed the hand that had conducted me through such inextricable mazes."

C If you were asked to give the problem, the question that baffles you most, what would you say? I cannot speak for others, but I do know that in these many years of ministry the question that plagues most people is, "Why does God allow this experience that presses so hard upon me?"

D God allowed a man to pass through days and nights of storm, of sorrow, of loss, of misunderstanding, and then directed him by the Holy Spirit to write it all down for us in this day.

E Some time sit down and read at one sitting the book of Job. Do it without stopping.

You will be caught up in the wonder of it. Look with me: -- Job is one of the greatest men of the East - great in godliness, influence and substance. He was on

1. 폭풍 가운데서(욥기 40:6 / 욥기 42)

A 우리는 우리말로 된 대단히 훌륭한 찬양들을 부를 수 있는 특권을 누리며 살고 있다. 헨리 와드 피처는 이르기를 "나는 지상의 권좌에 앉아 있는 모든 왕들의 영예보다 찬송 짓는 것을 더 원한다. 이 얼마나 영광스러운 일인가! 이 얼마나 대단한 권세인가! 나는 뉴욕에 있는 최고 갑부들의 부를 가지는 것보다 찬양 작가가 되기를 더 원한다. 그가 죽더라도 사람들은 천사들의 밴드가 마지막 나팔을 울릴 때까지 찬송을 계속해서 부를 것이다"라고 하였다.

B 무엇으로 내 진정 사랑하는 예수님을 지극히 높일 수 있을 것인가? 여기 한 가지가 있다! 폭풍을 만났다가 건짐을 받은 한 남자의 이야기가 있다. 찰스 웨슬리는 미국을 방문하여 크게 실망하고 좌절하는 경험을 하였다. 그가 고국으로 돌아가는 길에 배가 매우 거친 폭풍을 만나 금방이라도 모든 것을 다 잃어버릴 것만 같았다. 그렇지만 12월 3일 마침내 그 배는 육지에 도착했다. 웨슬리는 그의 일기에 기록하기를 "나는 무릎을 꿇어 나를 그러한 헤어 나올 수 없는 미궁 속으로 빠뜨리신 그 손길을 찬양하였다"고 하였다.

C 문제가 터졌을 때 당신을 가장 곤혹스럽게 만드는 질문은 "뭐라고 말 할 건가요?"이다. 나는 다른 것은 말할 수 없지만, 수많은 세월동안 목회를 하면서 알게 된 것이 하나 있는데 그것은 역경을 만난 대다수의 사람들은 "어째서 하나님이 이런 경험을 허락하셔서 나를 이토록 무참히 짓이겨놓게 하신단 말입니까?"라며 반문한다는 것이다.

D 하나님은 어떤 사람으로 하여금 폭풍과 슬픔과 잃어버림과 오해의 낮과 밤들을 통과하게 하신 후, 성령으로 말미암아 그가 겪은 일들을 기록하도록 지시하셔서 오늘날 우리에게 남겨주셨다.

E 때로 앉아서 욥기의 한 대목을 읽어보라. 주저 없이 그렇게 해보라.

당신은 그 불가사의한 일에서 건져 올릴 것이 있을 것이다. 나와 함께 보자. 욥은 동방에서 가장 위대한 자였다. 선행과 영향력과 소유에 있어서 탁월했다. 그에게 한 사건이 닥쳤다. 승승장구하며 거칠 것 없이 잘 나가던 그의 인생 가도에 일련의 사건들이 몰아닥쳐 그에게서 모

page one. There comes racing into his life in quick succession a series of incidents that strip him of everything. He loses his property, his family and his health.

With quiet faith he states, "The Lord gave and the Lord taketh away" - Job. 1:21.

His friends meet and plan to visit him in room 412. Their coming was a disaster.

After their departure, GOD BEGINS TO ANSWER JOB. You can't miss the wonder of this: In chapter 1:19 a whirlwind brings its destruction. When God begins to answer Job 40:6 He answers him out of the whirlwind. The exciting events recorded in the book of Job concerning the servant of God are recorded that we might understand that what happened was not the result of a God of caprice, but permitted for Job's understanding - and ours. Let us observe these truths:

I. PERCEPTION - Job 42:5

Job knew a great deal about God, but the experience of suffering through which he had passed was to deepen his understanding of God's mightiness.

II. TRANSFORMATION - Job 2:5,6.

With Job's understanding of God, he saw himself as he really was. This is always the experience of the one who catches a vision of the wonder of God.

Isaiah did the same in Isaiah 6.

III. VINDICATION - Job 42:7-9.

When Job's friends came to see him they had answers to the problem of suffering.

Eliphaz --- Job suffers because he sinned - Job 5:17.

Bildad --- Job suffers because he is a hypocrite - Job 8:6.

Zophar --- Job suffers because God is getting even - Job 11:6.

God says they are all wrong about Job. He vindicates him - Job 42:7.

IV. INTERCESSION - Job 42:10.

든 것을 강탈해 가 버렸다. 그는 재산과 가족과 건강을 잃었다.

신앙의 평정을 유지한 채 그는 이르기를 "주신 자도 여호와시오 취하신 자도 여호와시오니"라고 하였다.- 욥 1:21.

그의 친구들이 만나서 그를 찾아가기로 하였다. 그들의 방문은 되레 하나의 재앙이었다.

그들이 떠나간 후, 하나님께서 욥에게 대답하기 시작하셨다. 당신이 놓쳐서는 안 되는 불가사이한 일이 있다. 1:19에서 대풍이 와서 욥을 파멸시켰다. 그런데 하나님께서 욥기 40:6에서 대답하기 시작하셨을 때, 그분은 폭풍 가운데서 그에게 말씀하셨다. 하나님의 종과 관련하여 욥기에 기록된 흥미로운 사건들은 뭔 일이 터졌을 때 이는 하나님이 변덕스럽기 때문에 생긴 것이 아니라, 욥이나 우리들이 뭔가를 깨달아야만 하기 때문에 허락된 것임을 우리에게 이해시키기 위해 기록된 것이다. 이 진리들을 살펴보기로 하자.

I. 인식 – 욥기 42:5

비록 하나님에 대하여 많은 것을 알고 있었던 욥이었지만, 정작 그가 하나님의 전능하심에 대하여 깊은 이해를 가지게 된 것은 고난을 통과하는 경험을 하고 나서였다.

II. 변화 – 욥기 42:5,6

하나님에 대하여 이해하게 된 욥은 비로소 그분의 실상을 제대로 볼 수 있게 되었다. 이는 경이로우신 하나님을 직접 겪어 본 사람만이 맛볼 수 있는 경험이다.

III. 변호 – 욥기 42:7~9

욥을 찾아온 친구들은 나름대로 고통의 문제에 대하여 답변을 제시했다.

엘리바스 - 욥이 고통을 당하는 것은 그가 죄를 범했기 때문이다 - 욥 5:17.

빌닷 - 욥이 고통을 당하는 것은 그가 위선자이기 때문이다 - 욥 8:6.

소발 - 욥이 고통을 당하는 것은 하나님이 벌주셨기 때문이다 - 욥 11:6

하나님께서는 그들이 욥에게 잘못한 것이라고 말씀하신다. 그분은 욥을 변호하셨다 – 욥 42:7.

IV. 중보기도 – 욥기 42:10

Job learned the blessing of prayer in behalf of others.

V. ENLARGEMENT – Job 42:12-17.

The climactic work of suffering was to enlarge Job's capacity for blessing.

욥은 다른 사람들을 위하여 기도로 축복하는 것을 배웠다.

V. 확장 – 욥기 42:12~17

고통의 최종 정점은 욥의 능력을 극대화하여 복을 받게 한 것이었다.

2. GREAT GOD OF WONDERS(Genesis 15)

A There are some days you never forget. Two such days often ask for attention and I am glad to give them time. On a warm June day I was driving along a winding country road to keep an appointment with a young man. One question kept popping up, "How will he receive me and what will the result be?" He was finished with his law course and was seeking for answers to the cry of his restless heart. He had come home to his father's farm for a few days. Seated on the grass behind the barn we talked about the God of the ages, and he opened his heart to God's Word.

It was a fall day when a mother called me. "Would you have a few minutes to talk with our seven-year-old son about God?" I was delighted, of course. What could be greater than to talk with a boy about God?

B In the year 1909 two men, wealthy and wise, saw the trend of the churches away from the great doctrines of the faith. They moved to make an investment that has proven to be of lasting benefit. They chose a committee to put together twelve volumes on what they chose to call THE FUNDAMENTALS. These books would deal with the great doctrines of the faith and would be sent out free of charge to every pastor. Over 300,000 sets were printed!

C From this work in 1909 came the name that is frequently used to designate those who believe and teach the Word of God as an authoritative and fully inspired Book. In volume six there is an excellent treatise on the question. "Is there a God?" The affirmation of the Christian is, "I cannot do without God, for without God I cannot account for the universe around me, nor explain the Christ above, nor the spiritual desires within me."

D We are aware of God through Creation, Conscience, Crisis. These give awareness, but we have CERTAINTY through DIVINE REVELATION. Before there

2. 오묘하고 광대하신 하나님(창세기 15)

A 사람들에겐 결코 잊을 수 없는 날들이 있게 마련이다. 내게도 그런 날이 이틀 간 있었다. 그 날을 떠올리며 기쁜 맘으로 얘기해 주고 싶다. 따뜻한 6월의 어느 날에 나는 어떤 젊은이와 한 약속을 지키기 위해 시골길을 따라 차를 몰았다. 불연 듯 한가지 질문이 떠올랐다. "그가 나를 어떤 식으로 맞을까? 그리고 결과가 어떻게 될까?" 그는 율법에 대한 성경 공부 과정을 마쳤고, 마음에 안식을 얻고자 절규하며 그 답을 찾고 있는 중이었다. 그는 자기 아버지의 농장에 내려와서 여러 날 동안 머물고 있는 중이었다. 헛간 너머 풀밭에 앉아서 우리는 시대별로 역사하신 하나님에 대하여 이야기를 하였다. 그는 마음을 열고 그의 마음에 하나님의 말씀을 받아들였다.

해질녘에 한 어머니로부터 나에게 전화가 왔다. "시간을 내셔서 일곱 살짜리 우리 아들에게 하나님에 관하여 말씀해 주시겠습니까?" 나는 기뻐서 물론이요라고 했다. 한 소년에게 하나님에 관하여 말해줄 수 있다니 이 보다 위대한 일이 어디에 있는가?

B 1909년에 부요하고 현명한 두 남자가 믿음에 관한 위대한 교리들을 내동댕이치는 교회들의 풍조를 목도하였다. 그들은 마음이 동하여 투자를 감행했는데 이 일로 우리는 지금까지도 여전히 확연한 혜택을 누리고 있다. 그들은 위원회를 택해서 그곳에서 선별한 내용으로 "근본적인 것들"이라고 불리는 12권의 책을 발행하도록 했다. 이 책들이 다루게 될 내용은 신앙의 위대한 교리들이 될 것이며, 무료로 모든 목사님들에게 보급될 것이라고 했다. 30만 세트 이상이 인쇄되었다.

C 1909년의 이런 일이 있고 나서부터 그 책명은 하나님의 말씀은 권위가 있으며 완전히 영감된 책이라고 믿고 가르치는 자들을 지칭하는 데 빈번히 사용되고 있다. 제 6권에는 "하나님은 계시는가?"라는 제하의 탁월한 논문이 실려 있다. 이에 대한 기독교인의 확신은 이렇다. "나는 하나님 없이는 할 수 없으니, 곧 하나님 없이 나는 내 주변을 둘러싼 세상을 측량할 수 없으며, 위에 계신 그리스도와 내 안에 있는 영적인 욕구들을 설명할 수 없다."

D 우리는 피조계, 양심, 위기를 통해서 하나님을 의식하게 된다. 이것들은 깨달음을 주지만, 확신을 가지려면 하나님의 계시가 있어야 한다. 하나님으로부터 충분하고 최종적인 계시가

was a full and final revelation given from God and recorded for us in Scripture, God spoke through visions - Heb. 1:1. Those visions were God's revelation of Himself to men. They were recorded for us and are to be accepted as an unfolding of the WONDERS OF GOD. When the Canon of the Old Testament and the New Testament was complete, visions, dreams and other forms of communication were not essential. God's method of communication in this age is His Word, the Bible.

E The visions given by God to men and recorded for us are crowded with exciting truths for us today. They are eloquent, and cry out saying, "GOD IS LIKE THIS!" It will be our privilege to catch the significance of these visions for us on these Sunday evenings.

F If one were to grasp the full significance of Abraham's vision in Genesis 15 he would be filled with adoring wonder at the revelation given to the patriarch - and to us. It rests against the background of warfare and refusal to share the spoils of war. Let us trace together these truths:

Ⅰ. THE GOD WHO IS SUFFICIENT - Gen. 15:1.
  A. The cry of Abraham's heart was for two things desperately needed, PROTECTION and PROVISION.
  B. God assured Abraham that He was all that he would need. It is the Old Testament picture of Ⅱ Cor. 12:9.

Ⅱ. THE GOD WHO JUSTIFIES - Gen. 15:2-6.
  A. Abraham reminds God that there is one promise that has been made that has not been kept.
  B. God asks him to step out of his tent and look heavenward to the stars. Abraham had been called of God. He knew God, but now his faith is linked with heavenly seed.
  C. Abraham believed in the coming One - Justified. We believe One has come -

주어져서 우리를 위하여 성경에 기록되기 전, 하나님께서는 비전들을 통하여 말씀하셨다 – 히1:1. 그런 비전들은 인간에게 주신 하나님의 자기 계시였다. 그것들은 우리를 위하여 기록되었으며, 오묘하신 하나님께서 펼쳐주신 것으로 받아 들여야만 한다. 신구약 성경이 완성되자, 비전들, 꿈들 그리고 기타 형태의 교제의 수단들은 불필요하게 되었다. 이 시대에 하나님과 교제하는 수단은 그분의 말씀인 성경이다.

E 하나님이 인간들에게 주신 비전들을 적어놓은 기록들에는 오늘날 우리에게 필요한 흥미진진한 진리들로 북적댄다. 그것들은 설득력 있게 소리쳐 말한다. "하나님은 이와 같은 분이시다!" 몇 번에 걸쳐 이 주일 저녁에 우리를 위한 이 비전들의 중요성을 포착한다는 것은 우리의 특권이라 할 것이다.

F 만일 창세기 15장에서 아브라함이 봤던 비전의 중요성을 충분히 붙잡을 수만 있다면, 그는 그 족장과 심지어 우리에게 주시는 계시로 인하여 신비한 경이로움으로 가득 차게 될 것이다. 이는 전투가 끝난 후, 전리품 나누는 것을 거부한 다음에 벌어진 일이다. 우리 함께 이 진리들을 추적해 보자.

I. 충분하신 하나님 – 창세기 15:1
A. 아브람 마음의 부르짖음은 두 가지 절망적인 필요에 관한 것이었다.

보호와 미래

B. 하나님은 아브람에게 그분이야 말로 그가 필요로 해야만 하는 모든 것이 되심을 확신시켜 주셨다. 이는 고린도후서 12:9의 구약의 그림이다.

II. 의로 여겨주시는 하나님 – 창세기 15:2~6
A. 아브람은 하나님께 아직 지켜지지 않은 한 가지 약속을 상기시켜 드린다.

B. 하나님은 그에게 장막 밖으로 나와서 하늘의 별들을 쳐다보라고 요구하신다. 아브람은 하나님을 찾았다. 그는 하나님을 알았고, 이제 그의 믿음은 하나님이 주시는 씨에 연결된다.

C. 아브람은 오시게 될 의로우신 한 분을 믿었다. 우리는 오신 의로운 한 분을 믿는다 – 롬

justified - Rom. 4:22-25.

III. THE GOD WHO JUDGES - Gen. 15:8-16.

A. God makes a covenant.

B. He will judge Egypt.

C. His seed come back on schedule - Lev. 18:14,15 / Deut. 18:10-12.

IV. THE GOD WHO IS HERE - Gen. 15:17.

A. A smoking furnace - picture of the sufferings of Israel.

B. Burning lamp - God's presence never extinguished - II Sam. 22:29 / Psa. 119:104 / Isa. 62:1.

4:22~25.

III. 심판하시는 하나님 – 창세기 15:8~16

  A. 하나님은 한 가지 언약을 맺으신다.

  B. 그분은 애굽을 심판하시겠다고 하신다.

  C. 그분의 씨는 때가 되면 되돌아 올 것이다 – 레 18:4,5 / 신 8:10-12

IV. 여기 계신 하나님 – 창세기 15:17

  A. 연기가 피어오르는 풀무 – 이스라엘이 받을 고난을 예표한다.

  B. 타는 횃불 – 결코 사라지지 않는 하나님의 임재 – 삼하 22:29 / 시 119:105 / 사 62:1

3. WAY OF ESCAPE!(Genesis 28)

A Have you in the midst of all of life's busyness stopped to reflect on the wonder of the time in which your lot has been cast? Think of it. We are privileged to live in the closing years of the twentieth century--a century that has seen unprecedented events in the history of the world. A newspaper in the year 1922 stated, "It would be impossible to judge the number of radios in the United States." With the radio has come television and communications never before dreamed of. We have seen travel with its globe-circling 747's; we were watching when men landed on the moon. What a century this has been.

B With all of our achievements it has been pointed out by Gross in his book, THE PSYCHOLOGICAL SOCIETY that man finds himself in the most emotionally insecure hour in the history of man. Look at the array of problems:

1. The energy crisis-- is there one? What is happening?
2. What is going to happen to nuclear power? There are 72 nuclear power reactors; 94 are under construction; 30 more are planned.
3. Will inflation ever end?
4. The draft problem.
5. What will happen to SALT?

When the century began, these problems did not walk into our homes as they do today. Before we heard about them they were solved. Now man faces all these nagging issues and is frightened. His great question is, "What is the way out?"

C When you turn from the mounting problems of our world outside to the pressures of daily living, things begin to get exceedingly brittle. Our culture abounds with attempts to escape--drugs, drink, cults, are evident attempts to escape.

3. 도망가는 길(창세기 28)

A 다사다망한 생활을 하다 잠시 멈춰 서서 당신이 던진 패에 대하여 깊이 생각해 볼 수 있는 시간을 가져 본 적이 있는가? 한번 고려해 보라. 우리는 역사상 그 전례를 찾아볼 수 없는 사건들로 무성한 21세기에 사는 특권을 누리고 있다. 1922년에 한 신문에 기고된 글을 보면 "미국이 보유한 라디오의 숫자를 세는 것을 불가능하다"라고 쓰여 있다. 라디오와 텔레비전의 등장 이후 각종 멀티미디어 통신매체가 상상을 초월하여 발전하고 있다. 우리는 747기와 같은 항공기의 발달로 전 세계가 일일 생활권에 들어있음을 본다. 머지않아 달나라 여행도 우리에게 일상화 될 것이다. 참으로 놀라운 세대이지 않는가?

B 현생 인류가 구사하고 있는 업적에 대하여 그로스는 그의 책 '사회 심리학'에서 지적하기를, 인간의 역사에서 현 시대의 사람들이 가장 감정적으로 불완전한 시기에 살고 있다고 하였다. 열거된 문제들을 살펴보기 바란다.

1. 에너지 위기 - 그렇지 않은가? 어떤 일이 벌어지고 있는가?
2. 핵 문제는 어떻게 될 것인가? 도처에 널려있는 핵 원자로와 건설 중인 핵 시설물들, 그리고 끊임없이 계속되는 핵 개발 계획들이 있다.
3. 물가 상승은 그 끝이 과연 있을 것인가?
4. 식량 및 자금 조달의 문제.
5. 무기 감축을 위한 인류의 협정들은 과연 효과가 있을까?

인류가 안고 있는 이와 같은 문제들은 특정 지역에만 해당하지 않는다. 모든 현대인들이 이런 크고 작은 문제들과 직면하여 싸우고 있다. 우리 시대 가장 큰 질문은 "돌파구는 무엇일까?"이다.

C 우리 세상에 외부로 돌출되어 있는 이런 문제들로부터 제 아무리 힘쓰고 애써서 벗어나고자 몸부림쳐보았자 아무런 소용이 없다. 이런 현실에서 벗어나려고 애쓰는 가운데 생긴 우리네들의 문화라는 것이 고작해야, 마약, 음주, 미신 등 일 뿐이다.

D In an hour that was desperate, God gave to a man looking for a way out a remarkable vision. Strahan in the most unusual volume, HEBREW IDEALS, states, "God gave to Jacob one of the most majestic and beautiful visions of the spiritual world ever given to man." Let us look in upon this scene.

I. THE DETERMINED PLACE –Gen. 28:11.

A. You cannot stand in this place without looking back to see all that had entered into his experience that had pushed him to this spot. The clever plans of his mother; the arrival of Esau; the plan to kill; all working to bring Jacob to Bethel.

B. This is the work of God, bringing us to the place where He can secure our attention.

II. THE STONY PILLOW – Gen. 28:11.

A. This was no Hilton Inn. It was no Serta Perfect Sleeper. The stony pillow was in the plan of God.

B. We do not know how much luggage he carried, but he had a load on his heart. He thought of his aged father. What about his mother? She would be worried. Would he ever see them again?

III. THE IMPORTANT REVELATION – Gen. 28:12-15.

A. There was a ladder. This had been the cry of his heart--oh, for a way out! Angels were scurrying up and down. THE LORD WAS THERE. Think of it. THE DISTANCE BETWEEN GOD AND MAN BRIDGED. CHRIST WAS THAT LADDER. See John 1.

B. The One who stood above the ladder was speaking. The ladder was the place of communication. Look at the promise made:

1. "I am with thee" – His never-failing presence – vs 15.
2. "I will keep thee" – His assured protection – vs 15.
3. "I will bring thee ... to this land" – His absolute preservation – vs 15.

D 이 절망적인 세대를 사는 인간에게 하나님께서는 피할 수 있는 길에 대한 한 가지 놀라운 비전을 제시하신다. '히브리적 사고방식'이라는 아주 특이한 책에서 스트라한은 진술하기를 "하나님께서는 야곱에게 평범한 인간은 도무지 경험하기 힘든 영적 세계에 대한 가장 웅대하고 아름다운 비전을 주셨다."라고 하였다. 그 장면을 살펴보도록 하자.

I. 지정된 장소 – 창세기 28:11

A. 야곱이 어떻게 이 장소까지 오게 되었는지 그가 경험했던 모든 일들을 살펴보는 것이 필요하다. 그의 모친의 기발한 계획들, 에서의 도착, 살해 계획, 이런 일들이 야곱을 베델로 오게 하였다.

B. 이는 하나님이 하시는 일이다. 그분이 우리를 안전하게 돌보실 수 있는 장소로 우리를 이끄시는 일이 말이다.

II. 돌베개 – 창세기 28:11

A. 이곳은 고급 호텔이 아니었다. 이곳은 안락한 침대가 있는 침실도 아니었다. 돌베개는 하나님의 계획 가운데 들어 있었다.

B. 우리는 야곱이 얼마나 큰 짐보따리를 가지고 나왔는지 모른다. 하지만 그는 마음에 짐을 지고 있었다. 그는 연로하신 그의 아버지를 생각하였다. 어머니는 어떻게 되셨을까? 어머니는 근심하고 계실 것이다. 과연 다시 그분들을 뵐 수 있을까?

III. 중요한 계시 – 창세기 28:12-15

A. 사다리가 하나 있었다. 그는 마음으로 절규하고 있었다. 아, 도망자 신세로구나! 천사들이 오르락 내리락 하였다. 주님이 거기 계셨다. 이를 생각하라. 하나님과 사람 사이에 사다리가 놓여 있다. 그 사다리는 바로 그리스도이시다. 요한복음 1장을 보라.

B. 사다리 위에 서 계신 한 분이 말씀하고 계신다. 사다리는 교제의 장소이다. 맺어진 약속을 보라.
   1. "내가 너와 함께 한다." – 그분의 결코 변치 않는 임재 – 15절
   2. "내가 너를 지키리라." – 그분이 확신시키시는 보호하심 – 15절
   3. "내가 너를 이끌어...이 땅에 오게 하리라" – 그분의 절대적인 보존하심 – 15절

All that he promises to erring Jacob He will perform.

IV. THE EVIDENT RESPONSE - Gen. 28:20-22.

a. When God grapples with us, there must be a response.

B. Jacob's promise to God is understood by giving to the if of verse 20 its meaning of since. Since God cares, I give myself to Him.

비록 허물진 야곱이지만 그와 맺은 약속을 그분이 이행하실 것이다.

IV. 명백한 응답 – 창세기 28:20-22
    A. 하나님이 우리를 붙잡으실 때 그곳에는 틀림없이 응답이 있게 마련이다.

    B. 야곱도 만일 20절 이하의 말씀처럼 해 주시면 하나님께 자신의 것을 드리겠다는 약속을 한다. 하나님이 돌봐주실 것이기 때문에 나도 내 자신을 그분께 드려야 하는 것이다.

4. HEAVEN OPENS!(Ezekiel 1)

A Just recently I heard a man exclaim with evident astonishment, "I never thought that it could happen to our country, the wealthiest in natural resources, that we might be facing rationing!" If you were to touch all the areas of problem in this world, you would wonder what really is taking place.

B What would have been your reaction to the strange events of his day if you had been Ezekiel? He is thirty years old. He has been trained for ministry in the house of God, and suddenly there isn't any. The sacred temple, the God-given sacrificial system, the sacred vessels, have been removed. Five years ago the armies of King Nebuchadnezzar have marched, and with a multitude of other young people Ezekiel has been seized by ruthless hands and carried away.

C Think what happened. The established order has fallen apart. Where have morals gone? Where is stability in government? What has happened to God? These are the questions that pound at the door of his heart as he walks along the river today.

D Then God broke through. Ezekiel had a four-fold experience.
    1. The heavens were opened - vs 1
    2. An awareness of God - vs 1
    3. God spoke to him - vs 3
    4. God's hand was upon him - vs 3

E With the heavens opened, Ezekiel was privileged to see THE APPEARANCE OF THE LIKENESS OF THE GLORY OF GOD - Ezek. 1:28. There is in this startling prophetic document great truths about the glory of God. We can only suggest them and leave an at-length study to be done at some future time. Ezekiel saw the glory of God which was given to Israel (Rom. 9:4) depart (9:3, 10:4, 10:18 and

72

4. 하늘이 열리다(에스겔 1장)

A 최근에 나는 어떤 사람이 확실히 소스라치게 놀라며 외치는 소리를 들었다. "천연 자원들이 이토록 풍성한 나라들조차 소비를 억제해야만 한다니 이렇게까지 되리라고는 생각조차도 못했었다." 이 세계 가운데 발생하는 문제들을 일일이 접하게 된다면 당신은 틀림없이 그 일어나고 있는 일들 때문에 경악을 금치 못할 것이다.

B 만일 당신이 에스겔의 시대에 살았다면 당시 일어난 이상한 사건들에 대하여 당신은 어떻게 반응하였을 것인가? 그는 30세였다. 그는 하나님의 집에서 사역하기 위하여 훈련받고 있는 중이었는데, 갑자기 그곳에 있던 모든 것이 사라져 버렸다. 거룩한 성전, 하나님이 주신 제사 시스템, 거룩한 그릇들이 옮겨졌다. 5년 전 느부갓네살 왕의 침공으로 다른 수많은 젊은 이들과 함께 에스겔은 포악스런 손에 사로잡힌 신세가 되어 멀리 끌려가야 했다.

C 무슨 일이 벌어졌을지 생각해 보라. 견실하게 섰던 질서가 모조리 무너져 내렸다. 도덕적 가치관은 어디로 가버렸는가? 든든하던 정부는 어디로 사라졌는가? 하나님은 무엇을 하고 계시는 것일까? 이런 의문들이 현재 강을 따라 걷고 있는 그의 마음의 문을 사정없이 내리치고 있었다.

D 이 때 하나님께서 개입하셨다. 에스겔은 4가지 종류의 경험을 한다.
1. 하늘들이 열렸다 - 1절
2. 하나님을 보았다 - 1절
3. 하나님이 그에게 말씀하셨다 - 3절
4. 하나님의 손이 그의 위에 있었다 - 3절

E 하늘이 열리자 에스겔은 하나님의 영광의 형상의 모양이 나타난 것을 보는 특권을 누렸다. - 겔 1:28. 이 놀라운 예언의 기록 속에 하나님의 영광에 관한 위대한 진리들이 있다. 우리는 단지 그것들을 추측만 할 뿐 기회가 주어지면 좀더 여유를 가지고 연구할 필요가 있다. 에스겔은 이스라엘에게 주어진 하나님의 영광(롬 9:4)이 떠나는 것을 보았다(9:3, 10:4, 10:18 그리고 11:23). 딘 플럼프터는 에스겔서에 대한 그의 탁월한 강해에서, 유대 전승을 거론하면

11:23). Dean Plumptre in his valuable exposition of Ezekiel, mentions the Jewish tradition that the Shechinah, or glory cloud, on the side of the mountain for three years, calling the nation to repentance. It must be pointed out that as Ezekiel saw the GLORY OF GOD DEPART FROM ISRAEL AS A NATION BECAUSE OF THEIR NATIONAL TRANSGRESSION, he also saw THE GLORY OF GOD RETURN WHEN GOD ONCE AGAIN BEGINS HIS DEALINGS WITH THEM -Ezek. Our attention is now directed to:

Ⅰ. WHIRLWIND – Ezek. 1:4.

Why the appearance of the whirlwind?

A. God has the answer to my problem - Job 40:6.

B. God is coming in judgment - Prov. 1:24-28; Hosea 8:7.

C. God will come out of His place in the north - Psa. 75:6 - Isa. 14:13.

Ⅱ. LIVING CREATURES – Ezek. 1:5-14.

A. As God moves to carry out upon the earth His judgment, there is the appearance of the Cherubim. There are not angels but are designated as living creatures. We have met them before in the Word - Gen. 3:22-24.

B. The Cherubim have to do with the government of God. Their appearance in the vision indicates that God is going to deal in judgment with His nation Israel. In Rev. 15 when the Lamb opens the seals, one of the Cherubim hands the vials of the wrath of God.

Ⅲ. WHEELS – Ezek. 1:15-25.

A. In the book, CHARIOTS OF THE GODS, the author brings in and deals with Ezekiel's vision (p. 37-39). One thing is certain. Ezekiel die not see space ships.

B. Ezekiel sees the wheels as representing the purposes of God in His inerrant governmental dealings with the earth. God is in control of history.

서 쉐키나, 곧 영광의 구름이 삼년 동안 산 측면에 떠올라 있던 것은 그 민족에게 회개를 촉구하기 위해서라고 하였다. 따라서 에스겔이 이스라엘 민족에게서 하나님의 영광이 떠나는 것을 본 것은 그들의 민족적인 허물 때문이었던 것이고, 그가 다시 하나님의 영광이 돌아오는 것을 본 것은 하나님께서 또 다시 어느 순간 그들과 함께 하기 시작하셨다는 뜻이다. - 에스겔. 이제 다음 내용에 주의를 기울여 보자.

Ⅰ. 폭풍 - 에스겔 1:4.
어째서 폭풍이 나타났을까?
A. 하나님께서 나의 문제에 대하여 대답하시기 위하여 보내신 것이다. - 욥 40:6
B. 하나님께서 심판하기 위하여 오시는 것이다. - 잠 1:24-38 / 호세아 8:7
C. 하나님께서 북쪽에 있는 그분의 처소에서 나오시는 것이다 - 시75:6 / 사 14:13

Ⅱ. 생물들 - 에스겔 1:5-14.
A. 하나님께서 지상에 심판을 내리시기 위하여 이동하시는 곳에 그룹이 나타난다. 그룹은 일반 천사들과는 달리 생물들이라고 불린다. 우리는 그들을 성경에서 일찍부터 만날 수 있다 - 창 3:22-24
B. 그룹은 하나님의 통치에 관여하고 있다. 그들이 비전 가운데 나타났다는 것은 하나님께서 자기 민족 이스라엘에게 심판을 내리려는 것을 가리킨다. 요한계시록 15장에서 어린 양께서 봉인들을 여실 때, 그룹 가운데 하나가 하나님의 진노의 대접을 손에 들고 있다.

Ⅲ. 바퀴들 - 에스겔 1:15-25.
A. '하나님의 수레들'이라는 책에서 저자는 에스겔의 비전을 끌어다가 다루고 있다(p. 37-39). 한 가지는 분명하다. 에스겔은 살아생전 우주선 같은 것들은 본 적도 없다.
B. 에스겔이 본 바퀴들은 하나님께서 세상을 무흠하게 통치하실 때, 그분의 의도대로 움직이는 존재들이다. 하나님은 역사를 주관하신다.

IV. THRONE – Ezek. 1:26.

    A. Don't miss this: Over the whirlwind of judgment; over the living creatures; over the moving wheels, is the ETERNAL GOD.

    B. The whirlwind comes, the wheels move at His authority.

V. BOW – Ezek. 1:28.

    The bow has to do with God's promises. They WILL be kept.

Ⅳ. 보좌 – 에스겔 1:26.

    A. 이것을 놓치지 말라. 심판의 폭풍 위에, 생물들 위에, 움직이는 바퀴들 위에 영원하신 하나님이 계시다.

    B. 폭풍이 오고, 바퀴들이 움직이되 모두 그분의 권세 아래서 그리한다.

Ⅴ. 무지개 – 에스겔 1:28

    무지개는 하나님의 약속과 관련이 있다. 약속들은 반드시 지켜질 것이다.

    .

5. OUR GOD IS MARCHING ON(Habakkuk 3)

A In a day of carelessness and indifference, when the fortunes of the church were low, Samuel Wesley turned to his two sons, John and Charles and said, "God shall revive His work and you shall see it." Samuel wesley caught a vision of the God who marches in His world and triumphs.

B The latter half of the nineteenth century the religious life of America was at low ebb. Many people lost faith in spiritual things, while the Church became the subject of ridicule and personal faith was impaired. One of the Church historians has this to say about the darkness of the hour, "Secular and religious conditions combined to bring about a crash. The third great panic in American history swept the giddy structure of speculative wealth away. Thousands of merchants were forced to the wall a banks failed and railroads went into bankruptcy. Factories were shut down and vast numbers thrown out of employment. New York city alone had 30,000 idle men. In October, 1857, the hearts of people were thoroughly weaned from speculation and uncertain gain, while hunger and despair stared them in the face.

C It was in that crucial hour that God began His triumphant march in the history of our nation. Most of us have visited Hamilton, Ontario, but few realize that it was in that city in that hour that God began to move. It was at that time that Jeremiah Lamphere, a quiet business man, took up an appointment as a city missionary in New York city. It was the hour of crisis in a nation, financial gloom clouded the country. Learning of the revival in the Ontario city, on september 23, 1857, Lamphere called for folk to join him in prayer at 12:00 noon for the troubled nation, At 12:15 not one person was in evidence. At 12:30 the first man came, and five others followed. A month later it was decided because of the interest to have daily prayer meetings. Within six months ten thousand men were gathering for prayer, and within two years a million folk had been saved. GOD HAD MARCHED.

5. 우리 하나님이 진군하시다(하박국 3)

A 무관심과 냉담의 시대를 맞이하여 교회의 앞날이 암울하기만 하던 때에, 사무엘 웨슬리는 그의 두 아들 존과 찰스를 향하여 이르기를, "하나님께서 그분의 사역을 부흥케 하실 것이고, 너희는 그것을 보게 될 것이다"라고 하였다. 사무엘 웨슬리는 하나님께서 나팔을 불며 세상에 진군해 들어오시는 비전을 보았던 것이다.

B 19세기 후반 미국의 교회는 바닥까지 쇠퇴하였다. 많은 사람들이 영적인 것들에 대한 믿음을 잃었고, 교회는 조롱거리가 되었고, 개인의 신앙은 감해졌다. 한 교회 역사가는 이런 암흑기에 대하여 말하기를 "세속적인 것과 종교적인 것이 서로 혼합되어 파탄지경으로 몰아갔다. 미국 역사상 세 번째 대 공황이 부실하기 짝이 없던 허울뿐인 재정 구조를 송두리째 휩쓸어 버렸다. 수천 개의 가게들이 도산 지경이었고, 철도 회사들이 파산하였다. 공장들은 폐쇄되었고 엄청난 사람들이 일자리에서 쫓겨났다. 뉴욕시에만 실업자가 3만명에 이르렀다. 1857년 10월에 사람들의 마음은 막막하기 그지없는 불확실한 수입으로 인하여 완전히 도탄에 이르러 굶주림과 절망으로 인면수심에 빠졌다."라고 하였다.

C 인간 역사에서 하나님께서 그 승리의 행진을 시작하시는 순간은 바로 최악의 시간이 닥쳤을 때이다. 그러한 때에 온타리오 해밀턴이란 도시에서 하나님이 움직이기 시작하셨다는 것을 알아차린 사람은 그리 많지 않았다. 그 당시 경건한 사업가였던 제레마이어 램피어가 뉴욕시 도시 선교사로 임명되었다. 그 때는 국가적으로 위기 상황인지라 경제적으로 암울한 먹구름이 도시 전체를 뒤덮고 있었다. 1857년 9월 23일 온타리오 시에서 부흥을 모색하고 있던, 램피어는 난국에 처해있는 국가를 위하여 12시 정오에 그와 함께 모여서 기도하자며 사람들에게 호소하였다. 12:15이 되어도 단 한 사람도 이 일에 동참하지 않았다. 12:30에 첫 번째 사람이 왔고, 이어서 5명의 사람이 왔다. 한 달 뒤에는 호응에 힘입어 매일 기도 모임을 개최하기로 하였다. 6개월이 되자 만 명의 사람들이 기도하기 위하여 모여 들었다. 2년이 되자 백만명의 사람들이 구원을 받았다. 하나님이 진격하신 것이다.

D Habakkuk saw the hour of his day as a desperate one. He prayed for God to come, God answered with a vision and showed Himself as the One who could "revive his work in the midst of years of trouble." Habakkuk does not understand all that is involved in God judging His people, but he cries, "AS YOU DISPENSE YOUR WRATH...REMEMBER MERCH."

What a great plea: "In your wrath have pity on us."

E The prophet's vision of God is now unfolded, and we catch its meaning for the hour that God in His sovereign purpose has privileged us to live.

I . THE GOD WHO DOES THE UNUSUAL – Hab. 3:3.

A. He watches the movement of God and sees him coming from Teman. Teman is in the south. This startles Habakkuk, and he understands that God leaps the walls that we build and the boxes we make for Him.

B. The usual movement of God is from the north - Psa. 75:6 / Ezekk. 1:4. Now He comes from the south . He is doing the unusual.

II . THE GOD WHO IS UNOBTRUSIVE – Hab. 3:4.

He hides the power of the water above Niagara quietly, then the waterfall generates light and power.

He hides the power of medicine in the herbs.

He hides all of our tomorrows. In grace through Christ He hides our sins.

III . THE GOD WHO IS SWIFT – 3:8.

Sometimes He is slow, as evidenced in Noah, Moses, Lazarus. There are times of desperation, then He COMES. SAMSON--strengthen me; DAVID--cleanse me; PETER--save me. Just when I need Him He is there.

IV . THE GOD WHO BRINGS SALVATION – 3:8,13,18.

D 하박국은 그의 시대에 절망의 날을 맞이하였다. 그는 하나님께 와 주실 것을 기도하였다. 하나님은 비전으로 응답하시며 자신을 "여러 해 동안 계속되는 환난 가운데 주의 일을 부흥케 하시는 분"으로 보여 주셨다. 하박국은 자기 백성을 심판하셔야만 하는 하나님에 대하여 모든 것을 이해하지는 못했지만, 그는 부르짖기를 "진노 중에라도 긍휼을 잊지 마옵소서"라고 하였다.

이 얼마나 대단한 탄원인가? "당신의 진노 중에라도 우리를 불쌍히 여기소서."

E 선지자가 하나님에 대하여 본 비전이 이제 펼쳐진다. 그것의 의미를 깨닫는 시간을 가짐으로써 하나님의 주권적인 목적대로 살 수 있는 특권을 누리도록 하자.

I. 범상치 않은 일을 행하시는 하나님 – 하박국 3:3

A. 그는 하나님의 움직이심을 살피고 있었는데 그분이 데만에서부터 오고 계시는 것을 보았다. 데만은 남쪽에 있다. 하박국은 깜짝 놀랐을 것이다. 그는 하나님께서 자기들이 건축한 성벽들과 그분을 바라며 세웠던 망루들을 펄쩍 뛰어 오르시는 모습을 보았을 것이다.

B. 보통 하나님께서는 북쪽에서부터 오신다. – 시 75:6 / 겔 1:4. 지금 그분은 남쪽에서부터 오신다. 그분은 범상치 않은 행동을 하신다.

II. 눈에 띄지 않으시는 하나님 – 하박국 3:4

그분은 나이아가라에 물의 힘을 조용히 감추어 두셨다가, 폭포가 아래로 떨어질 때, 전기와 힘을 발생케 하신다.

그분은 각종 약초에 약효를 감추어 두신다.

그분은 우리들의 미래에 모든 것을 감추어 두신다. 은혜 속에다 그리스도로 말미암아 그분은 우리의 죄들을 감추어 버리셨다.

III. 신속하신 하나님 – 하박국 3:4

때로 그분은 노아, 모세, 나사로의 경우에서와 같이 서서히 하신다. 하지만 절망의 시간에는 그분이 오신다. 삼손 – 나에게 힘을 주소서. 다윗 – 나를 정결케 하소서. 베드로 – 나를 살려 주소서. 내가 그분을 필요로 할 때면 언제나 그분이 거기 계신다.

IV. 구원을 베푸시는 하나님 – 하박국 3:8, 13, 18.

God is the God of salvation. His mightiness and grace have been evidenced in Jesus Christ. Now "He that believeth on the Son hath everlasting life" - John 3:36.

Ⅴ. THE GOD WHO MAKES US TRIUMPH -3:17-19.
  A. "Although everything shall fail"
  B. "I will rejoice in the Lord"
  C. "He maketh me to walk on the high places"

하나님은 구원의 하나님이시다. 그분의 권능과 은혜는 예수 그리스도 안에서 드러나고 있다. 이제 "아들을 믿는 자에게는 영생이 있다" - 요 3:36.

V. 우리에게 승리를 주시는 하나님 – 하박국 3:17-19

A. "비록 모든 일에 실패한다고 해도"

B. "나는 여호와로 말미암아 즐거워 하리로다."

C. "그가 나를 나의 높은 곳으로 다니게 하시리로다."

6. MAN FINDS GOD'S PLAN(Acts 9:1-101 22:14-15)

A Someone has said, "Life is either an iceberg or a ship. If an iceberg, we are caught in the cruel hands of fate. If a ship, then there is a captain in control who directs our course and destiny." The Word of God affirms in Psalm 107 that life is a voyage that the child of god is moved, directed by One who is sovereign, and who guides us to the haven of His desire for us.

B God moves us by events, circumstances, to the place of decision, and then directs us to make that decision that He desires for us. Just a few miles from Lake Louise is the Great Divide. You pour water from a glass, one drop can fall westward to the Pacific and the other eastward to Hudson Bay. Events are of great importance. Don't neglect them.

C When the great John Henry Jowett stood at the crossroads in his early life and was about to choose his career, his decision was to be a lawyer. His father was making plans for his education that would fit him for this high calling. At this point a friend who had taught a Bible class in the church Jowett attended met him. When his older friend talked with him about his career he told him of his plan. The older man was quiet for a moment, then spoke these words, "I had always prayed you would enter the ministry." Jowett said, "These words threw my life into confusion and caused me to explore another road." A world was enriched by this seemingly ordinary event.

D God has a plan. Staggering truth! But illustrated by a man in Acts 9 and amplified in Acts 22. Saul never knew what would happen when he started out that day toward Damascus. Christianity had to be stopped, and he was going to perform a service.

Saul's vision and what he learned about Jesus Christ is of the utmost importance.

    1. Christ knows us - "Saul" - vs 4.

6. 하나님의 뜻을 발견한 사람(사도행전 9:10-11 / 22:14-15)

A 어떤 사람이 이르기를 "인생이란 빙산 아니면 배이다. 만일 빙산이라면 우리는 잔혹한 운명의 손에 붙잡힌 것이다. 만일 배라면 거기에는 우리의 길과 운명을 조절 통제하는 선장이 있다."라고 하였다. 하나님의 말씀은 시편 107에서 인생은 항해인데 하나님의 자녀가 움직이면, 주권자이신 그분이 지시하시며, 우리를 위하여 그분이 원하시는 항구로 우리를 인도하신 다고 확언한다.

B 하나님은 사건들과 환경들로 우리를 결단의 장소로 이동시키시고, 우리를 가르치셔서 그분이 우리에게 바라시는 것을 결정하도록 하신다. 루이즈 호수에서 수 킬로미터를 가면 그레이트 디바이드이다. 거기서 컵에 담긴 물을 쏟으면, 한 방울은 서쪽으로 떨어져 대서양으로 가고 다른 것은 동쪽으로 가서 허드슨 만에 이른다. 사건들은 매우 중요한 몫을 한다. 그것들을 무시하지 말라.

C 저명한 존 헨리 조웨트는 일찍이 인생의 교차로에서 자기의 직업을 선택하여 변호사가 되기로 결심하였다. 그의 아버지는 이러한 고급 직업에 걸맞는 교육을 그가 받을 수 있도록 계획을 세웠다. 이 즈음에 교회에서 성경 공부를 가르치고 있는 한 친구의 교실에 조웨트를 출석시켜 그를 만나게 해 주었다. 그의 오래된 친구는 그와 직업에 대하여 대화를 하면서 자기의 계획을 조웨트에게 말해 주었다. 그 노인은 잠시 침묵하더니, 이어 이런 말들을 하였다. "나는 늘 네가 신학교에 입학하게 해 달라고 기도했단다." 조웨트는 말하기를 "그런 말들은 나의 삶을 혼란 속에 던져 넣어 또 다른 길을 찾아 헤매게 한다"고 하였다. 세상은 이와 유사한 일들이 흔하다.

D 하나님은 계획을 가지고 계신다. 놀라운 진리이다! 한 사람이 사도행전 9장에서 실례로 등장하고 사도행전 22장에서는 상세히 설명한다. 사울은 결코 다메섹을 향하여 출발하던 날 무슨 일을 당하게 될는지 알지 못했다. 그리스도인들을 진멸하려 했던 그가 그 일을 행하기 위하여 가고 있었다.

사울의 비전과 그가 예수 그리스도에 대하여 배우는 것은 극히 중요하다.

    1. 그리스도는 우리를 아신다 - "사울아" - 4절

2. Christ is identified with His people – vs 4.

3. Christ guides us – goads were used to push Saul – 9:5.

4. Christ conquers our wills – "What will you have me to do?" – 9:6.

5. Christ commands us – "it shall be told what you must do" – 9:6.

These truths are of the greatest significance for our lives this day. Christ has not changed. In his vision Paul learned about the living Christ.

E Another man, Ananias, had a vision that day. He was the instrument given a vision of God's purpose. The fact of the vision is in Acts 9:10 and its unfolding Acts 22:14,15.

His vision leaps the boundary lines of Saul's life and embraces ours, a fact of supreme importance. Great truths challenge us:

Ⅰ. POSSESSION – vs 14. "He hath chosen thee."

A. Paul had been chosen by God.

B. We have been chosen – Eph. 1:3. Every believer finds himself here.

C. This is a special word meaning "to take in hand."

    1. Isa. 40 – mighty hands.

    2. Ezra 8:31 – delivering hands.

    3. skilled hands.

    4. Safe hands – John 10:28,29.

Ⅱ. ILLUMINATION – vs 14. "know his will."

God gives to us knowledge of His will.

A. Declared will – Word of God. (Gal. 1:4 / Ⅰ Thess. 4:3 / Ⅰ Thess. 5:18.)

B. Directive will, Choice of vocation – location – situation – directs us.

2. 그리스도는 자기 백성들과 동일시 하신다 - 4절

3. 그리스도는 우리를 인도하신다 - 몰이 막대기가 사울을 몰아 넣는데 사용되었다 - 9:5

4. 그리스도는 우리의 의지를 이기신다 - "네가 나를 위해 무엇을 행할것이냐?" - 9:6

5. 그리스도는 우리에게 명령하신다. - "네가 행할 것을 네게 이를 자가 있느니라" - 9:6

이런 진리들은 오늘날 우리가 살아가는데 대단히 중요하다. 그리스도는 변하지 않으신다. 그의 비전에서 바울은 살아계신 그리스도에 관하여 배웠다.

E 또 다른 사람, 아나니아는 그 날 한 비전을 보았다. 그는 하나님의 목적에 대하여 환상 가운데 지시를 받았다. 그 비전의 사실은 사도행전 9:10에 있고 그것에 대한 내용은 사도행전 22:14,15에 나온다.

그의 비전은 바울의 인생에 대한 전체적인 윤곽이었는데 이는 우리들에게도 해당되는 아주 중요한 사실들을 담고 있다. 위대한 진리들은 우리를 도전한다.

I. 소유 - 14절 "하나님이 너를 택하여"

A. 바울은 하나님에 의해서 택함을 받았다.

B. 우리도 택함을 받았다 - 엡 1:3. 모든 신자들은 여기에서 자신을 발견한다.

C. 이것은 "손에 두신다"는 뜻을 가진 특별한 단어이다.

1. 사 40 - 권능의 손

2. 에스라 8:31 - 건지시는 손

3. 재능이 있는 손

4. 안전한 손 - 요 10:28,29

II. 계몽 - 14절 "자기 뜻을 알게 하시며"

하나님은 우리에게 자신의 뜻을 알려 주신다.

A. 공표된 뜻 - 하나님의 말씀(갈 1:4 / 살전 4:3 / 살전 5:18)

B. 지시하시는 뜻 - 직업, 지역, 상황의 선택에 있어서 우리를 지도하신다.

III. PERCEPTION — vs 14. "see the just one."

    A. Paul saw Him risen - God's right hand. Prepared him for Apostleship.

    B. We see Him in the Gospels - the Epistles - in Revelation.

    C. Vision shapes our lives - II Cor. 3:18 / II Cor. 4:18 / Heb. 11:27.

IV. REVELATION — vs 14. "the voice of his mouth."

    A. Paul heard His voice, the voice of the risen Christ.

    B. Spoken Word - II Pet. 1:17-19.

V. COMMUNICATION — vs 15. "Thou shalt be his witness."

    A. Truth lays hold of us, rescues us - John 5:24.

    B. There rests upon me a responsibility to communicate truth.

Ⅲ. 인지 – 14절 "그 의인을 보게 하시고"

A. 바울은 부활하신 그분을 보았다. – 하나님의 의로운 손. 사도권을 그에게 주심.

B. 우리는 복음서, 서신서, 계시록에서 그분을 보고 있다.

C. 비전을 보게 하신다 – 고후 3:18 / 고후 4:18 / 히11:27

Ⅳ. 계시 – 14절 "그 입에서 나오는 음성"

A. 바울은 그분의 음성, 곧 부활하신 그리스도의 음성을 들었다.

B. 선포된 말씀 – 벧후 1:17-19

Ⅴ. 전파 – 15절 "네가...증인이 되리라."

A. 진리는 우리를 붙잡아 주며, 우리를 건져낸다. – 요5:24

B. 우리는 진리를 전해야 할 의무를 가지고 있다.

7. HOW CAN WE SURVIVE?(Hebrews 11:23-27)

A In the chain of mountains that reach out of Banff toward Jasper, there are magnificent sights. Streams that move from ripples to torrents keep you company along winding roads. Mirror-like lakes reflect the terrain that embraces them. Then the mountains cry out for attention, literally hovering over you, and you feel shut in with them and their Creator. Well worded plaques acquaint you with their history.

B In the midst of all these mountains, one stands out with rugged, solitary grandeur. Its snow-covered peaks tangle with the clouds and pull them down to accentuate their stature. One such peak cannot be passed. You gasp when you see it. It has the appearance of solid granite, its massiveness startles you. Then you read the arrow that points with pride and says, "Mount Eisenhower." There is a throb in your heart and you say, "Yes, he was like that."

C What Mt. Eisenhower is in that chain of mountains, the man who speaks this evening with us is to all the others who step out of the pages of Old Testament history. Dr. Melvin Grove Kyle, one of the great theologians, observed, "The greatest man among men in the history of the world." His greatness rests against the background of problems and pressures that were woven in the fabric of his life. When he was born Satan stepped on the scene with an attempt to destroy him, and when he died Satan disputed about his body. When the living God summarized his life He wrote this epitaph, "And there arose not a prophet since in Israel like unto Moses, whom the Lord knew face to face" - Deut. 34:10. When God arranged the building of His Westminster Abbey of Faith, He gave to Moses a position that is enviable. Seven of the forty verses are given to this man who found the secret of survival and gave it to us. Reflect on Heb. 11:27, the last phrase.

I . VISION THAT BANISHES FEAR - Heb. 11:23.

As you read these verses in Hebrews that give the account of Moses, you realize

7. 어떻게 해야 우리는 생존할 수 있을까?(히브리서 11:23-27)

A 밴프에서 뻗어 나와 야스퍼까지 이어지는 산맥은 그 모습이 장엄하기 이를 데 없다. 잔물결들이 모여 급류를 이루며 흐르는 골짜기의 물들은 당신을 굽이굽이 난 길들을 따라 거닐게 한다. 유리 같은 호수들은 주변 풍경들을 그대로 머금어 반사하고 있다. 이산 저산에서 울리는 메아리들이 그야말로 당신 위로 맴돌면 당신은 그 안에 그리고 그것을 창조하신 분 안에 갇힌 것 같을 것이다. 이곳에 얽힌 잘 알려진 역사의 한 토막을 당신에게 들려주고 싶다.

B 이 모든 산들 가운데 울퉁불퉁하고 아주 웅대한 산봉우리 하나가 외로이 서 있다. 만년설로 덮여있는 산꼭대기들에는 구름들이 걸려 있는데, 그것들이 아래로 깔리면 산봉우리들의 자태가 한층 돋보인다. 유독 그 한 개의 봉우리만큼은 결코 그냥 지나칠 수가 없다. 그것을 올려다보면 숨이다 막힐 정도이다. 딱딱한 화강암 덩어리로 된 그 봉우리의 웅장함에 당신은 놀라게 된다. 곧이어 당신은 자랑 섞인 문귀가 쓰여 있는 화살표시를 보게 된다. "아이젠하우어 산." 당신의 심장은 고동을 치고 당신은 "맞아, 그는 저 봉우리와 같았어"라고 말할 것이다.

C 그 산맥에 있는 아이젠하우어 산과 같이 구약의 역사를 통틀어 다른 그 누구보나 우뚝 솟아 있는 사람에 대하여 오늘 말하려고 한다. 탁월한 신학자인 멜빈 그로브 카일 박사는 기술하기를 "세상 역사 가운데 등장하는 사람들 가운데 가장 위대한 인물"이라고 하였다. 그를 가장 위대하다고 일컫는 이유는 복잡하게 얽히고설킨 인생의 각양 문제들과 고난들에 당당하게 맞섰기 때문이다. 그가 태어났을 때 사탄은 그 장면에 차지하고 들어와서 그를 죽이려고 시도했고, 그가 죽었을 때, 사탄은 그의 육체를 놓고 다투기까지 했다. 살아계신 하나님께서 그의 생애를 요약하셔서 이런 말씀을 적어 놓으셨다. "그 후에는 이스라엘에 모세와 같은 선지자가 일어나지 못하였나니 모세는 여호와께서 대면하여 아시던 자요" - 신 34:10. 만일 하나님께서 믿음의 금자탑을 세우신다면, 그분은 모세에게 가장 영예로운 지위를 하사하실 것이다. 40구절 가운데 일곱 구절을 할애하여 생존의 비법을 터득한 이 사람에 대하여 우리에게 교훈한다. 히브리서 11:27 이하의 구절을 묵상하라.

I. 두려움을 추방하는 비전 – 11:23

히브리서에서 모세에 관해 다루고 있는 이들 구절들을 읽어보면, 당신은 그의 부모들이 비

his parents were involved with vision.

    A. When Moses is described in Ex. 2:2 he is called "goodly." In Heb. 11:23 he is a "proper child."

    B. When God describes him as a baby in Acts 7:20 he is spoken of as being "exceeding fair to God." These parents had a vision of what this babe would be, and their vision led them to say of him what God said of him.

II. VISION THAT ENABLES REFUSAL — Heb. 11:24.

    A. Moses is now forty years of age. The golden hand that offers position knocks at his door. To have position, prominence is not in itself evil. Abraham was very rich. Isaiah walked with royalty. Daniel was beloved in the king's palace and well known. Position becomes evil only if God has called us to another sphere.

    B. For profit read the other refusals in the Word of God. David in I Sam. 17:3 / Daniel in Dan. 1:8 / the Lord Jesus in John 6:15.

III. VISION THAT ENDURES SUFFERING — Heb. 11:25.

    A. He chose to suffer affliction. That affliction led him to live a life of loneliness for forty years. This is one of our great problems. Moses endured those years of loneliness and separation from his people because he had a vision.

    B. He recognized that sin and its pleasures were for a season. Vision kept him stable.

IV. VISION THAT DETERMINES VALUES — Heb. 11:26.

    A. Look at the scales: the "reproach of Christ" on one side and the "treasures of Egypt" on the other.

    B. Philip's paraphrase says, "He looked steadfastly at the ultimate and not the immediate." Don't miss this.

V. VISION THAT PRODUCES STEADFASTNESS — Heb. 11:27.

전을 가진 자들이었음을 깨닫게 될 것이다.

    A. 모세에 대하여 기록하고 있는 출애굽기 2:2에서 그를 "잘 생겼다"고 칭하고 있다. 히브리서 11:23에서는 그를 "아름다운 아이"라고 한다.

    B. 하나님께서는 그를 사도행전 7:20에서는 "하나님 보시기에 아름다운" 아이라고 묘사하고 계신다. 이 부모들은 이 아기의 어떠함에 대한 비전을 가지고 있었는데, 그들이 가진 비전은 하나님께서 그 아이에 대하여 말씀하셨던 것과 꼭 같이 그들도 그 아이에 대하여 말할 수 있게 해 주었다.

II. 능히 거절하는 비전 – 11:24

    A. 모세는 이제 40세의 나이가 되었다. 입신양명하여 부귀영화를 누릴 수 있는 지위에 올라 있었다. 높은 지위에 올라 명성을 얻는 것 그 자체는 악이 아니다. 아브라함은 매우 부요하였다. 이사야는 왕족이었다. 다니엘은 왕의 궁궐에서 총애를 받고 있었고 저명한 인사였다. 지위가 악이 되는 경우는 오직 하나님께서 우리를 다른 분야로 부르시는 때에만 그러하다.

    B. 하나님의 말씀에서 거절에 관련한 다른 구절들을 읽어보는 것도 유익하다 – 사무엘상 17:3에서의 다윗 / 다니엘 1:8에서의 다니엘 / 요한복음 6:15에서의 주 예수님.

III. 고난을 참는 비전 – 11:25

    A. 그는 고난 받는 쪽을 선택했다. 그는 40년간 고독한 삶을 사는 고난을 겪어야 했다. 이것은 우리가 당면한 큰 문제 가운데 하나이다. 모세는 그가 가진 비전 때문에 자기 백성들을 떠나 고독하게 따로 지내며 오랜 세월을 참아야 했다.

    B. 그는 죄와 그것의 쾌락은 한 철이라는 것을 깨달았다. 비전은 그를 견고하게 지켜주었다.

IV. 가치를 결정하는 비전 – 11:26

    A. 저울질 해보아라. 한쪽에는 "그리스도를 위해 받는 수모"가 놓여 있고, 다른 한쪽에는 "애굽의 모든 보화"가 올려 있다.

    B. 빌립이 첨언하여 이르기를 "그는 잠깐만이 아니라 최후까지 확고부동하였다"라고 한다. 이를 놓치지 말라.

V. 확고부동함을 보이는 비전 – 히 11:27

8. THE SUPREME VISION (Revelation 22:4)

A A ship was drifting upon a rock-bound coast one stormy night. All on board could hear the waves as they pounded on the rocks and there was a fear in the heart of every man that death was imminent. Restless and anxious, Mr. stevenson, the father of the great writer, Robert L. Stevenson, went on deck. There was the pilot, erect and firm, fighting, inch by inch, wind and current to turn the vessel away from the dreaded rocks. As Stevenson, in spite of the rolling ship, managed at great peril to creep towards him, the pilot looked up and smiled. Though not a word was spoken, that look was sufficient--it spoke more eloquently than any words of victory or safety. Going down below where the frightened passengers awaited their doom, he shouted, "It is all right! I have seen the pilot's face, and he smiled." "Thank God!" responded the passengers. They needed no further assurance that all would be well.

B Have you ever wondered how you would ride out the storms that batter your frail ship?

Remember that the secret of triumph in tempest is TO SEE THE PILOT'S FACE. I frequently find myself quoting:

"I cannot read is future plans, But this I know,

I have the smiling of His face

And all the refuge of His grace, While here below."

C There has been a cry in the heart of man, compassed with frailty, to see God:

    1. Moses - Ex. 33:18-20.

    2. Job - Job 23:3.

    3. David - Psa. 27:4,8

    4. Asaph - Psa. 80:3,7,19.

Always there was this truth uttered by John in John 1:18, "No man hath seen God at any time." There were visions of God, manifestations of God, but to see God

8. 최고의 비전(요한계시록 22:4)

A 배 한척이 폭풍이 부는 밤에 암초가 가득한 해안에서 표류 중이었다. 갑판위에 모든 사람들은 그들을 암초에 부딪치게 할지도 모를 파도소리를 듣고 죽음이 임박했다는 두려움을 각자 가지게 되었다. 저명한 작가인 로버트 엘 스트븐슨의 아버지인 스트븐슨씨는 불안과 염려속에 갑판위로 올라갔다. 그곳에서 선장은 똑바로 의연하게 서서 조금씩 조금씩 바람과 싸우면서 막 그 배를 돌려 그 두려웠던 암초들에게서 벗어나고 있는 중이었다. 크게 두려워하며 엉금엉금 그에게 기어오고 있는 스트븐슨을 처다 본 선장은 배가 흔들리고 있음에도 불구하고 미소를 지어 보였다. 비록 아무런 말도 하지 않았지만 처다보는 것만으로도 충분했다. 이는 승리나 안전에 관한 그 어떤 말보다도 훨씬 설득력이 있었다. 두려움에 사로잡혀 자기들의 죽는 순간만 기다리고 있던 승객들이 있는 아래로 내려와서 그는 외쳤다. "아무일도 아니예요! 난 선장의 얼굴을 보았어요. 그는 웃고 있었어요." "하나님 감사합니다"라며 승객들이 응답했다. 그들은 더 이상 모든 것이 잘 될 것이라는 확신조차 할 필요가 없었다.

B 당신은 혹시 어떻게 하면 당신의 나약한 배를 찌그러뜨리는 폭풍에서 벗어나야 하는지 당황해 했던 적이 있는가?

폭풍우 가운데서 승리할 수 있었던 비결은 선장의 얼굴을 처다보는 것이었다는 것을 기억하라. 나는 자주 속으로 이렇게 읊조리곤 한다.

"나는 장래 일을 미리 볼 수 없지만 이것만은 알고 있다네.

나는 그분의 웃고 계시는 얼굴을 본다네.

그리고 이곳 낮은데서 무슨 일을 만나든지 그분의 은혜를 피난처로 삼는다네."

C 비록 연약함에 둘러싸여 있었지만 그 마음으로 하나님을 보고자 했던 자들이 있다.

    1. 모세 - 출 33:18-20

    2. 욥 - 욥 23:3

    3. 다윗 - 시편 27:4,8

    4. 아삽 - 시 80:3,7,19

요한복음 1:18에서 요한이 "본래 하나님을 본 사람이 없으되"라고 말한 것은 언제나 진리이다. 하나님에 대하여 보여주는 하나님에 관한 비전들이 있지만, 하나님을 직접 보는 것은

had never been man's privilege.

D Then there came the hour when "the only begotten Son, which is in the bosom of the Father, hath led him forth" – John 1:18. John 1:12 affirms that "men saw his glory." Look at this remarkable word in Ⅱ Cor. 4:6, "the light of the knowledge of the glory of God IN THE FACE OF JESUS CHRIST." It is good for us to know that the word face "the part toward the eyes" is used at least six ways in the New Testament. Our natural face, look, presence, person, appearance, outward form. It involves the total person.

E We sang the hymn, "Show Me Thy Face." The answer has already come to us. We see His face as we reflect upon Him in the Word. There were no Polaroids or Instamatics; however, we can look at that Face.

Ⅰ. THE FACE THEY SAW
  A. A steadfast face – Isa. 50:7 / Luke 9:51.
  B. A transfigured face – Matt. 17:2. Made so when He met His Father.
  C. A submissive face – Matt. 26:39.
  D. A marred face – Isa. 52:14 / Matt. 26:67.
This was the face they saw while they walked with Him on earth. This is the face that we see as we reflect on Him, see Him, and are made like Him – Ⅱ Cor. 3:18.

Ⅱ. THE FACE WE WILL SEE.
  The greatest hour, the vision supreme, will be to see the Lord Jesus.
  A. Satan has been banished – Rev. 20:10.
  B. The curse has been removed – Re. 22:3.
  C. The reign of God has come – Rev. 22:3.
  D. The vision supreme will be ours – Rev. 22:4.

The cry of Moses, Job – and ours – will be answered. In surroundings of

인간에게는 부여되지 않은 특권이다.

D 그러기에 때가 되매, "아버지 품 속에 있는 독생하신 하나님이 나타내셨느니라"고 하신 것이다 - 요 1:18.

요한복음 1:12은 사람은 그분의 영광만을 볼 뿐이라고 확언하고 있다. 고린도후서 4:6의 "예수 그리스도의 얼굴에 있는 하나님의 영광을 아는 빛"이라는 놀라운 말씀에 유의하라. 신약성경에 최소한 6번 정도 사용된 얼굴이란 단어는 "눈에 보이는 부분"을 뜻한다. 얼굴을 보면서 우리는 그 사람의 외형과 외모 및 인품을 가늠하게 된다. 얼굴은 그 사람 전체를 대표한다.

E 우리는 "나 주님의 얼굴 보기 원하네"라는 찬송을 부른다. 응답은 이미 우리에게 와 있다. 우리는 말씀을 통해서 그 안에 투영된 그분의 얼굴을 본다. 카메라로 찍은 것이 아닐지라도 우리는 그분의 얼굴을 뵈올 수 있다.

I. 사람들이 본 얼굴

A. 굳으신 얼굴 - 사 50:7 / 눅 9:51

B. 변형되신 얼굴 - 마 17:2 그분이 아버지를 만나셨을 때 그렇게 되셨다.

C. 숙이신 얼굴 - 마 26:39

D. 상하신 얼굴 - 사 52:14 / 마 26:67

이것은 예수께서 지상에 계실 때 그분과 동행하던 자들이 봤 얼굴로, 이것은 우리가 그분을 상고할 때 보게되는 얼굴이다. 그분을 뵈면 결국 우리도 그분과 같아질 것이다 - 고후 3:18.

II. 우리가 보게 될 얼굴

가장 위대한 순간 우리가 보게될 최고의 비전은 주 예수님을 친히 뵈는 것이다.

A. 사탄은 처단되었다 - 계 20:10

B. 저주는 제거되었다 - 계 22:3

C. 하나님의 통치가 도래했다 - 계 22:3

D. 최고의 비전이 우리 것이 되었다 - 계 22:4

모세와 욥 그리고 우리들의 부르짖음이 응답될 것이다. 찬연한 아름다움에 싸여서 우리는

exquisite beauty we shall look upon the One who loved us and brought us to Himself. Remember, when your day is dark and there are unanswerable questions, "It will be worth it all, when we see Christ."

우리를 사랑하셨던 그 분을 뵙게 될 뿐 아니라 그분께 가까이 나아가게 될 것이다. 살면서 당신의 날이 어둡고 가히 답변할 수 없는 의문이 생길 때 이 말을 기억하라. "우리가 그리스도를 보게 되는 그 날, 아무것도 무가치했던 것은 없었도다!"

3장

하나님의 놀라우심

THE WONDER OF GOD

1. THE POWER OF GOD

A When Isaac Watts reflected upon the mightiness of God, he wrote one of our greatest hymns:

"I sing the mighty power of God

That made the mountains rise;

That spread the flowing seas abroad

And built the lofty skies.

I sing the wisdom that ordained

The sun to rule the day;

The moon shines full at His command,

And all the stars obey."

B History bears record of God's power exerted in His care over His own. Witness these events:

1. A tide was kept back strangely for twelve hours once so that a host of Christians were saved from slaughter by the Duke of Alva.
2. A tremendous wind once scattered the Armada of Spain over the waster of the North Sea and so Protestant England was spared to the world.
3. John Knox moved his chair away from the window one night, pressed by a feeling that he could neither understand nor resist; an hour later a musket ball crashed through the glass and buried itself harmlessly in the opposite wall. Amazing evidence affirms that God has power to control nature, demons, men, and the course of history.

C Omnipotence is the word that sets forth the power of God. Strong states, "Omnipotence is the power of God to do all things which are objects of power, whether with or without the use of means." God speaks of Himself to Abraham in Gen. 17:1 as "the Almighty God." These words are used over 200 times to set forth the ability of God in our behalf. The word El Shaddai declares God to be "the

1. 하나님의 능력

A 아이삭 와츠는 하나님의 전능하심을 묵상하면서 이런 찬송가를 작사하였다.

"나는 하나님의 전능하신 능력 찬양하네
산들을 솟게 만드시고
바닷물 사방팔방 넓게 흐르게 하셨고
또한 높은 하늘 지으셨다네
나는 작정하신 그 지혜 찬양하네
해로 낮을 주관하게 하시고
달로 환하게 비추게 하시니 그분 명령따라
또한 모든 별들도 순종하네,"

B 인간 역사를 보더라도 자기의 소유된 백성을 지속적으로 돌보아 주시는 하나님의 능력에 관한 말씀이 사실이란 것이 드러난다. 다음 사건들이 이를 입증한다.
1. 밀물도 일단 12시간이 지나면 묘하게도 뒤로 빠지듯이 듀그공의 서슬 퍼런 학살이 있었지만 상당수의 그리스도인들이 목숨을 건졌다.
2. 스페인의 무적함대가 큰 폭풍을 만나 북해에서 대패하게 되자 신교화된 영국이 세상의 패권을 쥐게 되었다.
3. 존 낙스는 어느 날 밤 이해할 수도 없고 그렇다고 거절할 수도 없는 어떤 느낌에 눌려 창에서 그의 의자를 멀리 옮겨 놓았다. 한 시간 후에 소총 탄환이 유리창을 깨고 날아 들어와 반대쪽 벽에 아무런 피해도 끼치지 않고 박혀버렸다. 이 놀라운 사건은 하나님이 자연, 귀신, 사람, 그리고 역사의 과정을 통제하는 능력을 가지셨다는 것을 단언한다.

C 하나님의 능력을 표현할 때 '전능'이란 용어를 사용한다. 스트롱은 이르기를 "전능이란 이용할 방법이 있든지 없든지 대상을 가리지 않고 뭐든지 행하실 수 있는 하나님의 능력을 말한다"라고 했다. 하나님께서는 자신에 대하여 아브라함에게 창세기 17:1에서 "전능한 하나님"이라고 말씀하신다. 이 용어는 우리를 위해 능력을 행하시는 하나님을 표현하는 대목에서 200번 이상 사용되고 있다. 엘 샤다이라는 말은 하나님은 "강한 자", "거대한 마음을 가

strong one," "the many-breasted one," the One who is the nourisher, the strength giver, the satisfier, and the bountiful supplier. Nathan Stone in his remarkable book, THE NAMES OF GOD,

states: "The term 'Almighty God' tells us that from God comes every good and perfect gift, that He never wearies of pouring His mercies and blessings upon His people."

D this is a power-mad age. Nations and men jostle for recognition; to have power is an enviable position. Those who have faith in Jesus Christ have found the word of the Psalmist to be true, "POWER BELONGETH UNTO GOD" - Psa. 62:11,

and the power that is His inherently is available, for "He giveth power to the faint, and to them that have no might he increaseth strength" - Isa. 40:29.

With expectation we turn to the declarations of the Word of God that remind us of the workings of power in our behalf.

I . POWER TO GIVE - II Peter 1:3.

The divine power has given to us "all things that pertain to life and godliness." They come to us as we know Him who has called us to glory and virtue.

II . POWER TO KEEP - I Pet. 1:5.

Life has not only become available because God is the Giver, but now, staggering truth is this, the life that He gives He watches over. Those who have believed in Christ have an inheritance reserved in heaven for them. while the inheritance is kept, they are kept.

III . POWER THAT ENABLES - Col. 1:11.

Having given to us life in II Pet. 1:3, and guarding that life in I Pet. 1:5, God enables us to live and walk worthily. His strengthening has a two-fold purpose:

A. strengthened for patience--our attitude toward trials.

진 자"로서, 살지게 해 주시는 분, 힘을 주시는 분, 만족시켜주시는 분, 풍성하게 공급해 주시는 분이라고 선언하는 것이다. 나탄 스톤은 그의 유명한 책 "하나님의 이름들"에서 이렇게 기술 하였다.

"'전능하신 하나님' 이란 용어가 우리에게 시사하는 바는 하나님으로부터 모든 선과 완전한 선물이 나오며, 그분은 결코 자기 백성들에게 자비와 복을 지치지 않고 부어주신다는 것이다."라고 하였다.

D 현대는 힘에 미친 시대이다. 국가나 개인이나 서로 밀치며 인정받고자 애쓴다. 힘을 가질 수 있는 자리를 탐낸다. 예수 그리스도를 믿는 자들은 시편 기자의 말이 진리란 것을 발견한다. "권능은 하나님께 속하였다" - 시62:11.

하나님이 우리에게 주시는 권능은 유용하다. "피곤한 자에게는 능력을 주시며 무능한 자에게는 힘을 더하시나니" - 사 40:29.

하나님이 그 말씀을 통해 선언하신 대로 우리는 그 능력이 우리의 삶에 역사하시도록 기대를 가져야 한다.

I. 주는 능력 – 베드로후서 1:3

하나님의 능력으로 "생명과 경건에 속한 모든 것을 우리에게 주셨"다. 영광과 덕으로써 우리를 부르신 그분을 알 때 그것들이 우리에게 주어진다.

II. 지키시는 능력 – 베드로전서1:5

하나님은 생명을 주신 분이실 뿐만 아니라, 이제 참으로 놀라운 진리는 이것인데, 그분이 주신 생명을 그분이 보호하신다는 것이다. 그리스도를 믿는 사람들은 그들을 위하여 하늘에 간수한바 되어 있는 유업을 받게 된다. 그 유업이 보관되어 있는 동안 그들도 보호함을 받는다.

III. 능하게 하시는 능력 – 골로새서 1:11

벧후 1:3에서 우리에게 생명을 주셨고, 벧전 1:5에서 그 생명을 지키시는 하나님께서는 우리가 능히 훌륭하게 살며 행할 수 있도록 하신다. 그분이 능하게 하시는 것은 두 가지 목적이 때문이다.

A. 견딤을 위하여 능하게 하신다 -- 고난에 대한 우리의 태도

B. strengthened for longsuffering--our attitude toward people.

IV. POWER FOR EXPERIENCE - Eph. 3:16-19.

V. POWER FOR USEFULNESS - II Cor. 12:9.
    A. To touch - Acts 4:7.
    B. To witness - Acts 4:33.
    C. To know the Word - Acts 6:8.
    D. To do good - Acts 10:38.

B. 오래 참음을 위하여 능하게 하신다 -- 사람들에 대한 우리의 태도

IV. 경험해야 할 능력 – 에베소서 3:16-19

V. 유익한 능력 – 고린도후서 12:9
    A. 체험하기에 행 4:7
    B. 증거하기에 행 4:33
    C. 말씀을 알기에 행 6:8
    D. 선을 행하기에 – 행 10:38

2. THE GENEROSITY OF GOD

A Frequently our hearts are blessed by the singing of one of the greatest hymns written by Annie Johnson Flint. Who will ever forget the words:

> "His love has no limit, His grace has no measure,
> His power no boundary known unto men;
> For out of His infinite riches in Jesus
> He giveth, and giveth, and giveth again."

B Annie Johnson Flint was writing about the generosity of God, the lavishness of His dealings with us. George H. Morrison once wrote on this theme with these words: "Love never asks how little can I do; love always asks how much. Love does not merely go the measured mile; love travels to the uttermost. Love never haggles, never bargains with 'nicely calculated less or more,' it gives up to the point of prodigality."

C In reading the Word of God the often repeated words, "shall not" emphasizes the amazing generosity of the One who has become our Heavenly Father. It was our privilege in our first study to travel along the pleasant paths of Old Testament Revelation and reflect upon these words that brought encouragement to those who looked forward to the coming of Christ into the world. For our profit we list them in our present study:

Ⅰ. OLD TESTAMENT GENEROSITY.
  A. The "shall not" of SAFETY - Ex. 12:13.
  B. The "shall not" of VITALITY - Psa. 1:3.
  C. The "shall not" of STABILITY - Psa. 16:8.
  D. The "shall not" of SUPPLY - Psa. 23:1.
  E. The "shall not" of PRESERVATION - Psa. 37:24.

2. 하나님의 관용

A 안니 존슨 플린트가 작성한 그 위대한 찬송가를 부를 때마다 마음에 감동을 받는다. 결코 잊을 수 없는 가사가 있다.

> "그의 사랑은 한이 없고, 그의 은혜는 무궁하며
> 그의 능력은 끝이 없어 사람들은 알지 못하네
> 그의 무궁하신 풍성함을 따라 예수님 안에서
> 그는 주시고, 또 주시고, 그리고 또 주신다네"

B 안니 존슨 플린트는 우리를 아낌없이 대해 주시는 하나님의 관용에 대하여 적고 있는 것이다. 조지 에치 모리슨은 예전에 이 주제로 이러한 글을 썼다. "사랑은 결코 내가 해 줄 수 있는 가장 작은 것이 무엇인지를 묻지 않는다. 사랑은 언제나 어떻게 하면 가장 큰 것을 해 줄 수 있는지 묻는다. 사랑은 단지 정해진 거리까지만 가는 것이 아니다. 사랑은 끝도 없이 달려가는 것이다. 사랑은 결코 흠을 잡지 아니하며, 치밀하게 손실과 이익을 따지며 값을 깎지 않으며, 손해를 볼지라도 양보하는 것이다."

C 하나님의 말씀을 읽다보면 종종 "아니하리라"는 용어가 반복되면서 우리의 하늘 아버지 되시는 그분의 놀라운 관용을 강조한다.

구약에서 계시록까지 이어지는 기쁨의 길을 따라 성경 속을 여행할 수 있는 것은 우리가 가진 특권인데, 이 용어는 세상에서 그리스도의 재림을 기다리는 자들에게 용기를 북돋아 준다.

오늘 말씀에서 우리에게 유익이 되는 이에 관한 구절들을 열거해 보겠다.

I. 구약의 관용

A. 안전을 위해 "아니하리라" - 출 12:13

B. 활력을 위해 "아니하리라" - 시 1:3

C. 견고함을 위해 "아니하리라" - 시 16:8

D. 공급을 위해 "아니하리라" - 시 23:1

E. 보존을 위해 "아니하리라" - 시 37:24

Link with this the remarkable word given to us in Prov. 24:16.

F. The "shall not" of PROTECTION – Psa. 46:5.

G. The "shall not" of PRESENCE – Isa. 43:1-5.

He has redeemed us and will be with us in all of life's changing scenes.

We need not be afraid,

II. NEW TESTAMENT GENEROSITY.

The Spirit of God uses these words in numerous places in the New Testament for our encouragement.

A. The "shall not" of FOOD – Mat. 4:4.

What bread is for our physical bodies the Word of God is for the spiritual man. To be strong in soul and useful in service for God we need to feed continually upon the Scriptures.

B. The "shall not" of ENDURANCE – Matt. 16:18.

This great promise was made to the Church. Our Lord new the conflict, the assault of the enemy, and gives to us the assurance that the Church will be builded and will be victorious.

C. The "shall not" of CONTINUANCE – Matt. 24:35.

There is a spate of books coming from the press in these days to remind us that there is a "battle for the Bible." The enemies of the Word rise and fall, but the WORD OF GOD ABIDES. We can trust it.

D. The "shall not" of REWARD – Mark 9:41.

Our service for Christ is not rendered because of reward, but because we love Him. However, the least thing done to any of Christ's He sees as done for Him.

이에 관련된 놀라운 말씀이 잠언 24:16에 기록되어 있다.

F. 보호를 위해 "아니하리라" - 시 46:5

G. 동행을 위해 "아니하리라" - 사 43:1-5

그분은 변화무쌍한 인생 현장에서 우리를 구속하시며 우리와 함께 하신다. 우리는 두려워할 필요가 없다.

II. 신약의 관용

하나님의 성령께서 이들 용어를 신약 곳곳에 사용하심으로써 우리에게 용기를 주신다.

A. 양식을 위해 "아니하리라" - 마 4:4

양식이 우리의 육체를 위해 필요하듯이 하나님의 말씀은 영적인 생활을 위해 필요하다. 영혼이 강화되어 하나님을 섬기는 일에 유용한 자가 되려한다면 우리는 지속적으로 성경 말씀을 섭취해야만 한다.

B. 인내를 위해 "아니하리라" - 마 16:18

이 엄청난 언약은 교회를 위해 세워진 것이다. 비록 원수가 싸움을 걸어오며 공격을 감행할지라도 교회는 반드시 세워질 것이며 승리하게 될 것이라고 우리 주님께서 우리에게 확신을 주신다.

C. 계속성을 위하여 "아니하리라." - 마 24:35

이 시대는 출판사에서 쏟아져 나오는 책들로 홍수를 이루고 있어 가히 "성경과의 전투"가 벌어지고 있는 형편이다. 말씀의 대적들이 승망성쇠를 거듭하고 있지만 하나님의 말씀은 여전히 지속되고 있다. 우리는 능히 말씀을 신뢰한다.

D. 보상을 위하여 "아니하리라" - 막 9:41

우리가 그리스도를 섬기는 것은 보상을 받고자 함이 아니라 우리가 그분을 사랑하기 때문이다. 하지만 그리스도께서는 티끌만한 것까지도 그분을 위하여 행한 것을 다 헤아려 알고 계신다.

E. The "shall not" of FREEDOM – Rom. 6:14.

We do well to know by personal experience the provision that God has made for victory as we yield, present, our lives to Him.

F. The "shall not" of CERTAIN GLORY – I Cor. 15:51.

Without exception those who belong to Christ will hear His voice and be caught up to meet Him. What a day awaits the child of God because God is SO GENEROUS!

E. 자유를 위하여 "아니하리라" - 롬 6:14

우리 각자가 경험을 통하여 잘 알고 있다시피 하나님께서는 우리가 주님께 헌신하고 드리며 승리하면서 살아 갈 수 있도록 모든 것을 미리 마련하여 주신다.

F. 확실한 영광을 위하여 "아니하리라" - 고전 15:51

오직 그리스도께 속한 사람들만 그분의 음성을 들을 수 있고 그분을 만나기 위하여 끌려 올라가게 된다. 하나님의 자녀가 기다리는 그 날이 올 때까지 하나님께서는 어찌나 크신 관용을 베풀어 주시는지 모른다.

3. THE PEACE OF GOD

A One of the hymns that no doubt was among the first we ever learned: "There is a name I love to hear, I love to speak its worth; It sounds like music in my ear, the sweetest name on earth." Our hymnology would be impoverished if we were to take from it the hymns that speak of the name of the Lord Jesus.

B Have you ever found yourself reflecting on the designation of God in Scripture? It is a faith-strengthening exercise. Look at these familiar ones:

1. The God of hope - Rom. 15:13.
2. The God of all comfort - II Cor. 1:3.
3. The God of all grace - I Pet. 5:10.
4. The God of strength - Psa. 46:1.
5. The God of patience - Rom. 15:5.

If we were to lay hold of these truths and make them operative in our daily lives, we would be changed from glory to glory.

C The title of God that speaks to me in this frantic hour in which our lot is cast is THE GOD OF PEACE. As I allow the wonder of it to permeate my life there comes a sense of tranquility in time of frustration and trial. God is so designated in Heb. 13:20 Context is a great word in the study of these delineations of God. The Hebrews were having everything but peace when they received this letter. Against the dark background of restlessness falls these words, THE GOD OF PEACE.

D Definitions are important if we are to catch the full significance of what God desires us to comprehend. The Old Testament word for peace is shalom, while the New Testament is eirene. The word speaks of completeness, soundness, wholeness. Contentment or anything working toward safety, welfare and happiness is embraced in this lovely word. Peace has reference to health, prosperity, well being, security, as well as quiet from war. It speaks of freedom from war or hostility.

3. 하나님의 평강

A 누구나 처음부터 쉽게 배울 수 있는 찬송가의 가사 가운데 "내 주의 귀한 이름이 날 위로 하시고 이 귀에 음악 같으니 참 희락되도다"라는 구절이 있다. 우리의 찬송 가사에서 만일 주 예수님의 이름을 빼내어 버린다면 찬송은 힘을 잃고 말 것이다.

B 당신은 성경에서 하나님에 관하여 어떤 식으로 묘사하고 있는지 찾아본 적이 있는가? 이 것은 믿음을 강화시키는 훈련이 된다. 이런 친숙한 것들을 살펴보도록 하자.

1. 소망의 하나님 - 롬 15:13
2. 모든 위로의 하나님 - 고후 1:3
3. 모든 은혜의 하나님 - 벧전 5:10
4. 힘이 되시는 하나님 - 사 46:1
5. 인내의 하나님 - 롬 15:5

만일 이런 진리들을 단단히 붙잡고서 일상생활에서 그것들을 적용시킬 수만 있다면 우리 는 영광에서 영광으로 변화되고야 말 것이다.

C 재물을 잃어버리고 미쳐버릴 것만 같았던 시절에 내가 들었던 하나님의 명칭은 평안의 하나님이다. 막상 이런 놀라운 명칭을 나의 삶에 그대로 받아들이게 되자 그 좌절과 시련의 시절에 평온한 느낌이 찾아왔다. 하나님을 히브리서 13:20에서 잘 표현하고 있다. 하나님에 대하여 묘사하고 있는 이러한 구절들을 연구할 때 가장 중요한 것은 문맥이다. 히브리서의 수 신자에게 가장 필요한 것은 평안이었다. 안식할 여건이 마련되지 않은 당시 어두운 정황에서 이런 말씀이 주어진다. "평강의 하나님"

D 하나님께서 우리에게 원하시는 것이 무엇인지를 제대로 충분히 이해하려면 용어들에 대 한 정의가 중요하다. 구약에서 평강을 뜻하는 단어는 샬롬이고, 신약에서는 에이레네이다. 이 단어는 완벽함, 건전함, 온전함을 말한다. 만족함 혹은 안전을 위하여 뭔가 행함, 복지와 행복 이 이 단어가 함축하고 있는 의미이다. 평강은 건강, 번영, 웰빙, 안전뿐 아니라 전쟁이 멎어 고요해진 것을 가리킨다. 이것은 전쟁이나 싸움에서 자유롭게 된 것을 말한다.

E There are three statements made concerning peace that we must examine for a moment:

1. We have peace WITH God - Rom. 5:1.

The death of Christ made possible our peace with God. When we believe in Jesus Christ, everything that stood between a holy God and ourselves is put away - hostility, fear, anxiety, gone forever. John Keats said about life:

"The weariness, the fever and the fret, here where men sit, and hear each other groan." No experience of God's peace here.

2. We have peace FROM God - Rom, 1:7 / I Cor. 1:3 / II Cor. 1:2 / Eph. 1:2.

Frances Ridley Havergal wrote, "Like a river glorious is God's perfect peace." It flows to us from God like a refreshing stream.

3. We have the peace OF God - Phil. 4:7.

If I am asked to sign someone's Bible or book, I usually with my name leave this as my favorite verse. The peace which human understanding cannot produce, GOD GIVES. We give our attention to the ministry of the GOD OF PEACE as we consider these portions of the Word of God.

I . THE GOD OF PEACE WILL BE WITH US - Rom. 15:33.

A statement to the Roman Christians--and to us-that sweeps away all loneliness and anxiety. Since Someone is with us who can handle every situation, we possess peace.

II . THE GOD OF PEACE WILL GIVE VICTORY - Rom. 16:26.

God secures peace for us by overcoming Satan. He is a defeated foe and we conquer as we claim the victory. Victory is not something we work up to, but out from.

E 이 순간 평강에 관하여 우리가 조사해봐야 할 것은 세 가지 내용이다.

1. 우리는 하나님과 화목한다 - 롬 5:1

그리스도의 죽음으로 우리는 하나님과 화목하게 되었다. 우리가 예수 그리스도를 믿을 때, 거룩하신 하나님과 우리 자신 사이를 막고 있었던 모든 것은 영원히 멀리 사라져 버린다. - 원수됨, 두려움, 걱정. 존 키이츠는 인생에 대하여 이렇게 말하였다.

"피로함, 열병 그리고 초조, 이곳에 인간들이 자리잡고 앉아서 서로 탄식하는 소리를 듣는다." 하나님의 평강을 이곳에서는 경험할 수 없다.

2. 우리는 하나님에게서 평안을 얻는다 - 롬 1:7 / 고전 1:3 / 고후 1:2 / 엡 1:2

프란시스 리들리 하버갈은 "하나님의 완벽한 평화는 강물같이 유쾌하게 흐른다" 평화는 하나님에게서 우리에게 마치 상쾌한 시냇물처럼 흐른다.

3. 우리는 하나님의 평강을 소유한다 - 빌 4:7

누군가 나에게 성경이나 서적에 싸인을 부탁하면 나는 언제나 내 이름 과 함께 이 구절을 남긴다. 사람이 이해할 수 없는 평강을 하나님이 주신다. 우리는 평강의 하나님이 어떤 일을 하시는지 이들 하나님의 말씀에서 생각해 볼 수 있다.

I. 평강의 하나님은 우리와 함께 하신다. - 로마서 15:33

이 말씀은 로마의 그리스도인들과 우리들에게서 일체의 고독과 근심을 싹 쓸어버리게 한다. 누군가 우리와 함께하면서 모든 상황을 능히 조절해 줄 수 있다면 우리는 평안해 질 수 있을 것이다.

II. 평강의 하나님은 승리를 가져다 주신다 - 로마서 16:26

하나님께서는 우리가 사탄을 이길 수 있게 해주심으로 평안을 보장하신다. 그분이 원수를 패하여 버리셨기 때문에 우리는 승리자가 되어 승리를 주장할 수 있게 되었다. 승리는 우리가 노력해서 얻는 것이 아니라 밖으로부터 주어지는 것이다.

III. THE GOD OF PEACE WILL WORK IN US – Phil. 4:9.

That which we have learned and received we are to do. The strength to do comes from the God of peace.

IV. THE GOD OF PEACE WILL SANCTIFY US – I Thess. 5:23.

God has begun a work in us that involves the totality of our personaltiy. As the God of peace He perfects and preserves until the day when we see Him.

III. 평강의 하나님을 우리 안에서 일하신다 – 빌립보서 4:9

우리는 배우고 받은 바를 행하여야 한다. 행할 수 있는 힘이 평강의 하나님으로부터 온다.

IV. 평강의 하나님은 우리를 거룩하게 하신다. – 데살로니가 전서 5:23

하나님은 우리의 인격 전체를 통틀어 우리 안에서 일하시기 시작하신다. 평강의 하나님이 우리가 그분을 뵙는 날이 될 때까지 우리를 온전하게 하시고 보존하여 주신다.

4. THE BRINGINGS OF GOD

A One of the delights that came to me as a young Christian was to hear the great Evangelist, Gypsy Smith. There was a solitary splendor to this plain man that made an impact upon life. One of the reasons for his confidence in God was the result of experiences through which he passed as a child. One year on the day before Christmas he inquired as to what they would have for Christmas dinner. His mother was dead and his father was passing through difficult days. In response to his question his father said, "I do not know." In former days he had played his violin in the pubs and people would fill his gypsy hat with coins that helped to pay the bills.

Since his conversion he had never returned to play as in former days. At that moment he picked up his violin and said to the children, "I do not know what we will have for Christmas, but we can sing." Together they sang a well known Gospel chorus, "Then we will trust in the Lord and He will provide." They finished, there was a knock at the door, a man stood there and said, "At a shop down town there is everything you will need for tomorrow." God proved to be the 'bringing' God.

B There is an exciting incident in the Old testament that is eloquent on the bringings of God. Jacob is an old man. Experiences have come into his life that have been devastating. His one boy killed, or so he thought, and now a famine in the land and they were about to perish. Then his sons return from Egypt and tell him that Joseph is alive. However, Jacob doesn't believe them and is fainting under the pressure of it all. Then he sees the wagons bringing all needed provision, and he revives - Gen. 45:16-28. God's bringing had encouraged him. May we be encouraged as we study.

I . AN UNPRECEDENTED ANNOUNCEMENT - Luke 2:10.

  A. The focal point of God's dealings with men is the incarnation.

  B. All of the Old Testament prophecies converge on this event.

  C. The coming of Jesus Christ dispels fear and delivers Joy. That joy is not the

4. 하나님의 인도

A 청년 그리스도인에게 위대한 복음전도자인 집시 스미스에 대하여 들려주는 것은 내게는 큰 기쁨이다. 이 솔직한 사람이 인생에게 끼친 영향은 독보적이라고 할 만큼 탁월하다. 그가 하나님을 신뢰하는 까닭은 그가 어렸을 때 겪었던 체험 때문이었다. 어느 해 성탄절을 앞둔 어느 날 그는 성탄절 저녁 식사를 위하여 무엇을 준비할 것인지 물어보았다. 그의 어머니는 돌아가셨고 그의 아버지는 어려운 세월을 보내고 있었다. 그의 질문에 대하여 그의 아버지는 "나는 모른단다"라고 말하였다. 예전 같으면 그는 군중 속에서 바이올린을 연주하였고 사람들이 그의 집시 모자에 동전들을 수북이 채워주었기 때문에 살림에 보탬이 되었다. 개종한 이후 그는 더 이상 예전처럼 연주를 하러 나가지 않았다. 그 순간 그는 자기 바이올린을 집어 들고서 아이들에게 말하기를 "나는 우리가 성탄절에 무엇을 준비해야 할지 모른단다. 하지만 우리는 찬송할 수 있단다"라고 하였다. 그들은 함께 잘 알려진 복음 성가를 불렀다. "우리는 주님을 믿어요 그가 예비하시네." 그들이 마치자, 문 두드리는 소리가 났고 한 남자가 거기에 서서 말하기를 "시내 한 상점에 내일 필요한 모든 것들을 마련해 두었습니다"라고 하는 것이었다. 하나님은 "인도하시는" 하나님이심이 입증된 셈이다.

B 구약에 하나님의 공급해 주심에 대하여 실감할 수 있는 흥미로운 사건이 나온다. 야곱은 노인이었다. 그의 인생에는 안 되는 일들만 계속 벌어지고 있었다. 그의 한 아들이 죽었다. 아니 그럴지도 모른다. 이제 그 땅에 기근이 생겼고 그들은 거반 죽을 지경이었다. 그런데 그의 아들들이 애굽에서 돌아와서 그에게 요셉이 살아있다고 말하는 것이었다. 하지만 야곱은 그들을 믿을 수가 없었고 도리어 그 압박에 못 이겨 기절할 것만 같았다. 그 때 그는 온갖 생필품들로 가득 차있는 수레들을 보았다. 그래서 그는 기력을 되찾았다 - 창 45:16-28. 하나님이 공급해 주심으로 인하여 그는 용기 백배할 수 있었다. 이 말씀으로 인하여 우리도 용기를 얻게되길 바란다.

I. 전에 없던 고지 – 누가복음 2:10
  A. 인간에 대한 하나님의 관심은 초점은 성육신에 집중되었다.
  B. 구약의 모든 예언은 이 사건으로 한데 모아진다.
  C. 예수 그리스도의 오심은 두려움을 일소하며 기쁨을 가져다 준다. 그 기쁨은 이스라엘만

possession of Israel only, but reaches out to the total human race.

Somehow I never tire of singing, "Joy to the world, the Lord is come."

II. AN ACCOMPLISHED PURPOSE – I Pet. 3:18.

The revealed desire of God was that man who because of the fall was at infinite distance from God, might be rescued. Paul is great on this in Eph. 2:13, "We who were sometimes afar off are made nigh by the blood of Christ." The word bring is rich with meaning in this context.

A. Used in Old Testament of bringing priests to God - Ex. 29:4.

B. To introduce to another.

C. The right of access - Rom. 5:2 / Eph. 3:12.

III. AN ADEQUATE PROVISION – Luke 15:22.

A. The prodigal son whose clothing had been fouled from his stay in the pig pen is now given an entirely new wardrobe. God is always eloquent in the descriptions given of His work. Think of it - not any rode, but the best robe.

B. Pictures of His provision are found throughout the Old Testament Scriptures:

1. Adam and Eve - Gen. 3:21.

2. The priestly family - Psa. 132:9. We are in the New Testament such a family.

3. Israel was given clothing from His hand - Ezck. 16:10.

C. God has in Jesus Christ provided for us the righteousness that He demands.

What He has Provided can never be improved. The righteousness of God is a PERSON, Jesus Christ. Paul declares in Rom. 3:21-28 profound truths on this great theme. See also I Cor. 1:30.

IV. AN AMPLE NOURISHMENT – Luke 15:23.

No skimpy fare is ours. He sets forth the "fatted calf." The best herford in the lot is prepared. THE WORD OF GOD IS THE FARE OF THE CHILD OF GOD.

가질 수 있는 것이 아니고 모든 인류에게도 미친다.

어쨌든 나는 "기쁘다 구주 오셨네"라는 찬송을 지칠 줄 모르며 부른다.

II. 성취된 목표 – 베드로전서 3:18

계시된 하나님의 뜻은 타락으로 말미암아 하나님으로부터 영원히 떨어져 나간 인간을 건져내시는 것이다. 바울은 이것에 대하여 에베소서 2:13에 "이제는 전에 멀리 있던 너희가 ... 그리스도의 피로 가까워졌느니라"고 잘 적어 놓았다. 이 말씀의 문맥에서 "인도한다"는 단어의 의미가 풍성해 진다.

A. 구약의 용례에서 제사장들을 하나님께 데려갔다고 함 – 출 29:4

B. 다른 사람에게 이끌어 들이는 것

C. 접근할 수 있는 권리 – 롬 5:2 / 엡 3:12

III. 충분한 준비 – 누가복음 15:22

A. 탕자가 입었던 옷은 돼지우리에 머물러 있는 동안 더럽혀졌지만 이제 완전히 새로운 옷을 내어다 입혀 주신다. 언제 봐도 하나님께서 하신 일을 그야말로 감동적으로 보여주고 있는 부분이다. 이것을 생각하라 – 아무런 옷이 아니라, 가장 좋은 옷이었다.

B. 그분의 준비하심에 대하여 보여주는 구약의 구절들을 살펴보자

  1. 아담과 하와 – 창 3:21

  2. 제사장 가족 – 시 132:9.

신약에 따르면 우리도 그같은 가족이다.

  3. 이스라엘은 그의 손으로 지으신 옷을 받았다 – 겔 16:10

C. 하나님은 예수 그리스도 안에서 우리에게 그분이 요구하시는 의를 마련해 놓으셨다. 그분이 준비해 주신 것은 따로 손볼 데가 하나도 없다. 하나님의 의는 한분, 곧 예수 그리스도이시다. 바울은 로마서 3:21-28에서 이런 위대한 주제에 대한 심오한 진리들을 선포한다. 또한 고전 1:30도 보라.

IV. 충분한 양식 – 누가복음 15:23

결핍된 운명은 우리 것이 아니다. 그분은 '살진 소'를 마련해 주신다. 최고로 좋은 것을 그것도 풍성하게 마련하여 주신다. 하나님의 말씀은 하나님의 자녀의 응식이다.

Provision adequate for all of the journey.

Ⅴ. AN ENCOURAGING PROSPECT – Ⅰ Thess. 4:14.

The dead with us will share in this triumphant hour.

여정을 끝마칠 때까지 모든 것을 충분히 마련하여 주신다.

V. 격려가 되는 기대 – 데살로니가전서 4:14
죽은 자들도 우리와 함께 이 승리의 시간을 공유할 것이다.

5. THE DELIGHTS OF GOD

A Wasn't it a delightful evening? That certainly was a delightful meal! Isn't travel a delightful experience? That person is a rare delight. How often we use this word to express our thoughts about the highest good.

B The Oxford English Dictionary unfolds for us the meaning of this word that finds its way into our vocabularies: Pleasure of a high degree: that which gives great pleasure: to please highly: anything that gives a sense of gratification.

C This word is an often used word in the Old Testament, while it is found only found once in the New Testament Scriptures. Paul uses the word in Rom. 7:25 to describe his appreciation of the law of God. There the word means "to delight oneself inwardly." At least ten times different Hebrew words are used in the Old Testament to set forth this experience. The use of the words reflects its richness of meaning: to have pleasure; to love; a delicate thing; delectable beauty; to be satisfied; a violent emotion; to look upon; a luxury.

D One of the amazing wonders of God is the fact of His revelation of His Person. So that we can comprehend Him in measure, God has moved the writers of the Word of God to use an abundance of anthropomorphic expressions that set forth in picture His care and His concern. We find that God has ears, hands, eyes, heart, feet, hair.

All that is predicated of man, His greatest work, is said of HIMSELF. We look now at that which DELIGHTS Him.

Ⅰ. HE DELIGHTS IN HIS SON – Isa. 42:1.

  A. There are at least seven "servant" passages in Isaiah. They are found in chapters 41 through 53. Students have found that "the servant" may refer to a nation or to a person. The context determines the interpretation, Here the

5. 하나님의 기쁨

A 저녁을 맞는 것이 매우 유쾌한가? 그렇다면 식사도 아주 즐겁게 할 수 있었을 것이다. 여행하는 것을 매우 좋아하는가? 그 사람은 상당히 통쾌할 것이다. 어찌나 자주 우리는 이런 말을 극히 기분 좋은 상태를 표현하고자 할 때 사용하고 있는지 모른다.

B 옥스퍼드 영어 사전은 이 단어의 의미를 여러 어휘를 동원하여 설명하고 있다. 최고 수준의 즐거움, 크게 기뻐하는 일이 생겼을 때 생기는 것, 최고 절정에 달한 기쁨, 만족감을 주는 어떤 것. 기분을 내는 것.

C 이 단어는 종종 구약에서는 사용되고 있지만, 신약에서는 오직 한번만 쓰이고 있다. 바울이 로마서 7:25에서 하나님의 법에 대한 진가를 인정할 때 이 단어를 사용한다. 이 단어의 의미는 "누군가 속으로 기뻐하다"이다. 최소한 10번에 걸쳐 히브리어 단어들이 구약에서 이러한 경험을 묘사할 때 사용되었다. 이 단어들이 쓰인 용법을 보면 그 의미가 풍성해 진다. 기쁨을 가지다, 좋아하다, 우아한 것, 유쾌미, 만족하게 되다, 고조된 감정, 통쾌함.

D 오묘하신 하나님께서 자신을 친히 계시하신다는 사실은 놀라운 일이다. 그 덕분에 우리는 그분을 제대로 이해할 수 있다. 하나님은 하나님의 말씀의 기록자들을 감동하셔서 다양한 종류의 의인화된 표현들을 사용토록 하셔서 하나님의 관심사와 바람을 그림처럼 분명히 설명하게 하셨다. 우리는 마치 하나님이 귀, 손, 눈, 심장, 다리, 머리털을 가지신 것처럼 보게 된다.

이 모든 것들은 그분이 행하시는 지극히 위대한 사역을 마치 사람이 행하는 것처럼 설명함으로써 그분 자신에 대한 바른 이해를 가지게 한다. 우리는 이제 그분이 기뻐하시는 것이 무엇인지 살피고자 한다.

I. 그분은 그분의 아들 안에서 기뻐하신다 – 이사야 42:1

A. 이사야에서 "종'이라는 구절이 최소한 7번 나온다. 그것들은 41장에서 53장에 걸쳐 발견된다. 연구해 보면 '종'은 국가나 개인을 가리킨다. 문맥이 해석을 결정짓는데, 여기에

Person is the Lord Jesus.

B. God found all His delight in His Son. His birth, His life, His death, His burial, His resurrection, His ascension, His life now for us.

II. HE DELIGHTS WITH THE SONS OF MEN — Prov. 8:31.

A. The Son is speaking in verse 30, referring to the fact that His Father found delight in Him.

B. The Son now finds delight as does the Father in the sons of men. Think of william Cowper says it in this remarkable hymn:

"And couldest Thou be delighted

With creatures such as we,

Who when we saw thee, slighted

And nailed Thee to a tree?

Unfathomable wonder!

And mystery divine!

The voice that speaks in thunder Says, 'Sinner, I am thine.' "

III. HE DELIGHTS IN GOOD PEOPLE — Psa. 37:23,24.

A. When we become a part of God's family the course of our lives is watched over. It is not chance or fate, but direction of God.

B. His steps are directed by God, but He infers that it is possible for him to fall. See Prov. 24:16. Note also II Chron. 32:21.

IV. HE DELIGHTS IN JUSTNESS — Prov. 11:1.

Our Lord would have us to deal squarely, honestly. People expect this of Christians. Frequently our phone rings and we are asked, "Do you know a Christian doctor, dentist, garageman, plumber, carpenter?" Why do they ask? They expect a higher ethic with a Christian. See Lev. 19:35-37 - Deut. 25:13-15.

서 등장하시는 이는 바로 주 예수님이시다.

B. 하나님은 그분의 모든 즐거움을 그분의 아들 안에서 찾으신다. 그분의 출생, 그분의 생애, 그분의 죽음, 그분의 묻히심, 그분의 부활, 그분의 승천, 이제 우리를 위한 그분의 생명.

II. 그분은 인자들을 기뻐하신다 – 잠언 8:31

A. 30절에서 그 아들에 대하여 말씀하시면서 그분의 아버지가 그분 안에서 기쁨을 찾으신다는 사실이 언급되고 있다.

B. 그 아버지께서 하신 것처럼 이제 그 아들께서 인자들 안에서 기쁨을 윌리암 카우퍼가 이런 놀라운 찬송에서 하고 있는 말을 생각해 보라.

"당신은 기뻐하시네
피조물 가운데 우리같은 자들을
누가 우리가 당신을 앙망할 때 조롱할 수 있으리
나무에 못 박히신 당신 아니십니까?
측량할 수 없는 기묘자!
신비하신 하나님!
천둥 속에서 들리는 음성이 가로되, "죄인아, 나는 네 것이니라."

III. 그분은 선한 백성들 안에서 기뻐하신다. – 시편 37:23,24

A. 우리가 하나님의 가족의 일원이 되었다면, 살아가는 방식을 조심해야 한다. 우연이나 운명이 아니라, 하나님의 인도하심에 따라 살아야 한다.

B. 그의 걸음을 하나님께서 지도해 주시면서, 그분은 그가 실족할 수도 있다고 넌지시 말씀하신다. 잠 24:16을 보라. 또한 역대하 32:21을 참고하라.

IV. 그분은 공평을 기뻐하신다. – 잠언11:1

우리 주님은 우리가 공평하고 정직하게 행동하기를 바라신다. 사람들은 그리스도인들에게 바로 이런 것을 기대한다. 흔히 전화를 걸어서 우리는 "혹 그리스도인 의사, 치과의, 자동차 수리공, 배관공, 목수를 알고 있나요?"라고 묻는다. 왜 이렇게 묻는 것일까? 사람들은 그래도 그리스도인이라면 높은 윤리관을 가지고 있다고 기대하기 때문이다. 레 19:35-37 / 신 25:13-15을 보라.

V. HE DELIGHTS IN OUR PRAYERS - Prov. 15:8.

God looks down upon us as we gather together for prayer. He delights when we pray. He wonders when we don't pray - Isa. 59:16. Note how this is linked with the above. No justice - no intercessor.

VI. HE DELIGHTS IN MERCY - Micah 7:18.

Remarkable portion. Reflect what He does do in mercy - puts all our sins away forever.

V. 그분은 우리의 기도에 기뻐하신다 – 잠언 15:8

하나님께서는 우리가 함께 모여 기도하는 것을 내려다 보신다. 그분은 우리가 기도할 때 기뻐하신다. 그분은 우리가 기도하지 않는 것을 이상하게 여기신다 – 사 59:16. 어떻게 이 말씀이 위의 내용과 연결되는지 유의하라. 공평하지 않다면 중보자도 없는 것이다.

VI. 그분은 인애를 기뻐하신다. – 미가서 7:18

놀라운 구절이다. 그분이 인애 가운데 무엇을 행하셨는가? 우리의 모든 죄를 영원히 멀리 치워버리셨다.

6. THE CARE OF GOD

A Motor Trend Magazine for July gives a preview of what the new 1980 models will look like as they appear in an energy crisis world. Engineers have been at work to produce eye-capturing designs, and they do well.

B Man's arrival in the world that God created was not without plan. As the last work of His creative genius, man is the signature of God. Without question the most dramatic word in relation to man's place in the universe is found in Genesis 1:26,27, "And god said, let us make man in our image..." Here was a creation absolutely unique. When we ask about man and his origin, we need to realize that what differentiates man from the rest of God's creation is that he was created in the image and likeness of God. What is predicated of Adam includes his helpmeet, Eve.

C The terms image and likeness are considered to be essentially synonymous. Keil and Delitzsch affirm, "There is no possibility of discovering a sharp or well defined difference." Both terms point to spiritual qualities shared by God and man. Personality includes emotions, intellect and will, With his intellect there is the wonder of memory. Man can say, "I remember." This is God's gift to us and often He calls upon us to remember. Israel was called upon to remember - Deut. 8:2. Our Lord gave us a table, designated as a table of remembrance, that we might remember what Christ has done.

D For our encouragement He has given to us a revelation that assures us of what His memory can mean to us in this business of life.

Ⅰ. HE REMEMBERS HIS PEOPLE - Isa. 49:15.
   A. This section is worth our study. The eternal God is speaking to the nation of His choice. In the heart of the passage is the lament of Israel, "God has

6. 하나님의 돌보심

A 모토 트랜드 메거진에 보면 에너지 효율을 높인 새로 출시되는 자동차들에 대한 리뷰 기사가 실려 있다. 이는 엔지니어들의 수고로 눈에 확 들어오는 디자인까지 갖춘 훌륭한 차들이다.

B 하나님은 그 창조하신 세상 속에 인간이 살 수 있도록 디자인하셨다. 하나님께서 가장 소중하게 여기시는 창조의 최대 걸작은 인간이다. 물어볼 것도 없이 이 우주에서 인간이 차지하는 비중에 대하여 가장 드라마틱하게 표현된 말씀은 창세기 1:26,27이다. "하나님이 이르시되 우리의 형상을 따라... 우리가 사람을 만들고." 여기서 인간은 유일하고 독보적인 피조물임을 밝히고 있다. 인간과 그의 기원에 대한 물음에서 우리가 알아야 할 필요가 있는 것은 하나님이 창조하신 다른 피조물들과 인간과의 차이점은 인간이 하나님의 형상과 모양을 따라 지음을 받았다는데 있다. 아담에 대하여 거론할 때 그를 돕는 배필인 하와도 포함된다.

C 모양과 형상이란 용어는 본래 동의어로 취급된다. 저명한 구약학자인 카일과 델리취는 확언하기를 "그 차이점을 엄밀히 구분하거나 제대로 정의하는 것은 불가능하다"고 하였다. 두 용어는 하나님과 인간이 공유하고 있는 영적인 속성들을 가리킨다. 인격이란 감성, 지성, 그리고 의지를 포함한다. 지성 속에는 기억이라는 놀라운 요소도 내포된다. 그래서 인간은 "나는 기억한다"라고 말할 수 있다. 이는 하나님이 우리에게 주신 선물로서 종종 그분은 우리에게 기억할 것을 요청하신다. 이스라엘은 기억해야 할 것이 있었다 - 신명기 8:2. 우리 주님께서는 우리가 기억해야만 하는 일 한 가지를 테이블에서 행하셨다. 그 기념의 테이블에서 우리는 그리스도께서 무엇을 행하셨는지 기억해야 한다.

D 파란만고 가득한 세상살이에서 우리가 용기백배할 수 있도록 하나님은 우리가 그분에 대하여 기억할 수 있는 확실한 계시를 우리에게 주고 계신다.

Ⅰ. 그분은 자기 백성을 기억하신다 - 이사야 49:15
    A. 본문의 가치를 살펴보도록 하자. 영원하신 하나님께서 그가 선택하신 민족에게 말씀하고 계신다. 이 구절은 "하나님은 우리를 잊고 계신다"며 이스라엘이 애가를 부르고 있는

forgotten us."

B. It is against this accusation made by a nation in distress that God flings the wonder of HIS CARE. An earthly mother may forget her child. This has been done. BUT GOD WILL NOT FORGET. Here is God? unwavering constancy.

II . HE REMEMBERS TO BE MERCIFUL - Psa. 98:3.

A. Over 100 times the word mercy is woven into the message of the Psalms. See Psa. 103:4 / Psa. 136 / Psa. 145:9. Look now at Eph. 2:4.

B. A look at the meaning of mercy will help us in our thinking.

1. "The goodness of God shown to those who are in misery, distress, irrespective of what they deserve." - Berkhof

2. "Mercy is that eternal principle of God's nature which leads Him to seek the temporal good and eternal salvation of those who have opposed themselves to His will, even at the cost of infinite self sacrifice." - Strong

III . HE REMEMBERS HOW FRAIL WE ARE - Psa. 103:14.

A. It would be difficult to add to what God says about us in this remarkable verse. He knows how we were made because He formed us. He knows our build, our constitution, our temperament, our infirmity, our besetting temptation.

B. Against this background with which we are acquainted is our weakness. We are like dust.

IV . HE REMEMBERS HIS PROMISES - PSA. 105:42

A. The Psalmist is delineating the goodness of God to His people. He points out what He has done.

B. Why did God do all this? Because they were good? because they deserved? No! Ex., Lev., Num., Deut., recall their failures. HE DID WHAT HE DID

가운데 주신 말씀이다.

B. 이 구절은 하나님께 버림을 받아 도탄에 빠져버린 한 민족의 탄식 그 정반대편에서 그들을 향한 하나님의 놀라운 돌보심에 대하여 말하고 있다. 세상에서는 어미된 자가 혹 그녀의 자식을 잊을 수 있다. 실제로 이런 일이 벌어지고 있다. 그러나 하나님은 절대로 잊지 아니하신다. 하나님은 어떠하신 분이신가? 영구히 변치 않으시는 분이시다.

II. 그분은 그 베푸신 인자를 기억하신다 – 시편 98:3

A. 100번도 넘게 인자라는 단어가 시편의 구절들 속을 누비고 있다.

시 103:4 / 시 136 / 시 145:9을 보라. 이제 에베소서 2:4을 보라.

B. 인자의 의미를 살펴보는 것은 우리의 묵상에 도움이 된다.

1. "하나님의 인자는 거들떠 볼만한 가치도 없는 비천하고, 비참한 사람들에게 보여 주시는 것이다." – 벌코프

2. "인자는 하나님이 자기 뜻을 거역하는 자들을 도리어 선하게 여기시고 영원한 구원을 베풀어 주시기 위하여 심지어 자신을 그 값으로 한없이 내어주어 희생시키시는 하나님의 영원한 본성이다." – 스트롱

III. 그분은 우리가 얼마나 깨어지기 쉬운지 기억하신다 – 시편 103:14

A. 이 엄청난 구절에서 우리에 관하여 하나님이 하시는 말씀을 대하니 단 한마디도 뭐라 드릴 말이 없다. 그분은 우리를 조성하신 분이시기 때문에 우리가 어떻게 만들어졌는지 아신다. 그분은 우리의 체격, 우리의 체질, 우리의 기질, 우리의 약점, 우리를 에워싼 유혹에 대하여 아신다.

B. 이러한 것들을 대할 때 흔히 떠오르는 익숙한 생각은 우리의 연약함이다. 우리는 다만 티끌과 같을 뿐이다.

IV. 그분은 그분의 약속들을 기억하신다. – 시편 105:42

A. 시편 기자는 자기 백성을 선대하시는 하나님을 묘사하고 있다. 그는 그분이 하고 계시는 것이 무엇인지 나타낸다.

B. 왜 하나님께서 이런 모든 것들을 행하시는 것일까? 왜냐하면 그들이 착하기 때문일까? 왜냐하면 그들이 이에 합당하기 때문일까? 아니다. 출애굽기, 레위기, 민수기, 신명기는

BECAUSE HE PROMISED.

V. HE REMEMBERS THE INSIGNIFICANT – Luek 12:6.

There is more here than sparrows. He is saying that the insignificant, the
ordinary, the unimportant, is never forgotten. GOD REMEMBERS!

그들의 부족함을 상기시켜준다. 그분이 그렇게 행하셨던 것은 그분이 하신 약속 때문이었다.

V. 그분은 하찮은 것까지 기억하신다 – 누가복음12:6

본문에서 심지어 참새 한 마리까지도 기억하신다고 하신다. 그분은 하찮은 것, 평범한 것, 중요하지 않은 것조차 결코 잊지 않으신다고 말씀하고 계신다. 하나님은 기억하신다!

세상에서 나는 무엇을 하여야 하는가?

WHAT IN THE WORLD AM I DOING?

1. CHOSEN AND SENT(John 15:16)

A Do you recall the lovely lilting melody we used to sing about the world through which we are passing as guests?

"This world is not my home, I'm just a-passing through,

My treasures are laid up somewhere beyond the blue,

The angels beckon me from heaven's open door,

And I can't feel at home in this world any more."

B I never hear this song but what my heart hums along and says, It is true. We are but "strangers and pilgrims upon the earth." Whether we like it or not, we find ourselves very much alive on planet earth. We are aware of these worlds:

1. The world of creation - orderly, beautiful beyond description.

2. The world system dominated by Satan, who is affirmed to be "the Prince of this world."

3. The world of people, the highest of the creation of God.

C All the days of our lives we will walk in these worlds. We are this world oriented.

Some time if you have a concordance, give yourself a few delightful moments of study on the word "world." It is used 187 times in the New Testament. If you don't have time to survey the entire body of the New Testament, then center attention on John 17 where the word is used 23 times.

D There are at least six meanings in the New Testament Scriptures:

1. The earth - Acts 17:24.

2. The earth in contrast to heaven - I John 3:17.

3. The human race - Matt. 5:14.

1. 선택과 파송(요 15:16)

A 우리는 세상에서 그저 지나가는 나그네뿐임을 노래하는 아주 경쾌한 복음송을 기억하고 있는가?

> "죄 많은 이 세상은 내 집 아니네
> 내 모든 보화는 저 하늘에 있네
> 저 천국문을 열고 나를 부르네
> 나는 이 세상에 정들 수 없어라."

B 요즘은 이 복음송을 잘 안 들 부르지만 흥얼거리게 될 때마다 나는 그것은 틀림없는 진리라고 말하곤 한다. 우리는 다만 "세상에서 나그네요 순례자"일 뿐이다. 이것이 싫든 좋든 간에 우리는 현재 지구라는 행성 위에 살고 있음은 자명한 일이다. 우리는 이 세상이라는 용어에 대하여 제대로 깨달아야 한다.

    1. 창조된 세상 – 질서대로, 형용치 못할 아름답게 지어진 세상
    2. '이 세상의 권세를 잡은 자'로 알려져 있는 사탄의 지배를 받고 있는 세상의 체제
    3. 하나님께서 창조하신 창조의 면류관인 사람들을 가리켜 세상이라고 한다.

C 우리의 생명이 붙어있는 모든 날 동안 우리는 이런 종류의 세상 속에서 살아가야 한다. 우리가 지향하는 세상은 이러하다.

  만일 성구사전을 가지고 있다면 날을 잡아 "세상"이라는 단어가 사용되는 구절들을 공부해 보라. 아주 재미난 시간이 될 것이다. 신약에 187번 사용되고 있다. 신약 전체를 살펴볼 시간이 없다면, 요한복음 17장 만이라도 유의해서 보기 바란다. 그곳에만도 이 단어가 23번 등장한다.

D 신약성경에 최소한 6가지 의미로 쓰인다.

    1. 지구 – 행 17:24
    2. 하늘과 대조할 때 땅 – 요일 3:17
    3. 인류 – 마 5:14

4. Gentiles distinguished from Jews - Rom 11:12-15.

5. The present condition of human affairs - a world dominated in its entirety by Satanic power with a staggering summation - John 14:30 / I John 2:15-17.

6. The sum of temporal things - Matt. 16:26.

E Having spent a bit of extra time in surveying the world, we deemed it necessary to do so, because we will be spending all of the rest of our days in it. What are we to be in this world? I have found this for my own mind most exciting. Hear our Lord now as He prays, "I pray not that thou shouldest take them out of the world, but that thou shouldest keep them from the evil" - John 17:15. And again, "As thou has sent me into the world, even so have I also sent them into the world...that the world might believe" - John 17:18,21.

F What then am I to be in this world? Our first study takes us to one of the profound passages of Scripture in John 15:16. In this verse that reaches into eternity past and eternity future we catch a glimpse of our responsibility in a fourfold statement:

Ⅰ. THE LORD'S CHOICE - "He chose us."

What comfort to know that the work wrought out had its beginning not in our selves but in Himself. Read and reflect on Eph. 1:3,4.

Ⅱ. THE LORD'S ORDAINING "I have ordained you."

A. It is a solemn hour in the life of a young man when he finds himself surrounded by fellow Christian workers who have met to set him aside for the ministry.

B. The humblest believer has a far greater ordination by our Lord Himself.

Ⅲ. THE LORD'S PURPOSE - "go and bring forth fruit."

Leon Morris: "Not only did He choose them but He appointed them to their task.

4. 유대인과 구별할 때 이방인들 - 롬 11:12-15

5. 인간이 처한 현재의 상태 - 이 세상은 혼란만 가중시키는 사탄의 세력에 의해 완전히 장악되어 있다. - 요 14:30 / 요일 2:15-17

6. 잠시 머물러 있는 곳 - 마 16:26

E 잠깐 특별한 시간을 내어 세상이 무엇인지 살펴보는 것이 필요하다. 아니 꼭 그렇게 해야만 된다고 생각한다. 왜냐하면 우리의 남은 인생을 이 세상에서 보내야 하기 때문이다. 이 세상에서 우리는 어떠한 자가 되어야 마땅한가? 나는 이를 찾기 위해 마음으로 애쓰는 동안 매우 흥미로웠다. 우리 주님께서 기도하신 내용을 들어보라. "내가 비옵는 것은 그들을 세상에서 데려가시기를 위함이 아니요 다만 악에 빠지지 않게 보전하시기를 위함이니이다" - 요 17:15. 그리고 이어진다. "아버지께서 나를 세상에 보내신 것 같이 나도 그들을 세상에 보내었고 ... 세상으로 ... 믿게 하옵소서" - 요 17:18,21.

F 그렇다면 나는 이 세상에서 어떤 자가 되어야 할까? 우리의 첫 번째 연구는 요한복음 15:16에 기록된 말씀을 깊이 살펴보는 것이다. 이 구절은 영원한 과거와 영원한 미래가 서로 잇대어 있는데 어렴풋하게나마 우리가 져야할 네 가지 책임에 대하여 말하고 있다.

I. 주님의 선택 – "그분이 우리를 택하셨다."

우리가 해야만 하는 일이 우리 자신에게서가 아니라 주님에게서 시작되고 있다는 것을 알게 되니 얼마나 다행스러운지 모른다. 에베소서 1:3,4을 읽고 묵상하라.

II. 주님의 임명 – "내가 너를 세웠다."

A. 사역을 감당하는데 있어 자기 옆에 든든하게 버텨 줄 믿음의 동역자들이 사방으로 포진하고 있다는 것을 깨닫는 것은 얼마나 소중한 순간인지 모른다.

B. 세움을 받은 자가 겸손하면 할수록 우리 주님께서는 더욱 크게 사용하신다.

III. 주님의 목적 – "가서 열매를 맺게 하고"

레온 모리스 : "그분은 그들을 선택하셨을 뿐 아니라 그들이 할 일도 지시하신다."

This is first to Go. The first function of a believer is that he is sent on a mission. The second thing is to BEAR FRUIT. Here the bearing of fruit includes the thought of service leading to the conversion of others. This is the way the work of Christ and His Church is carried on.

IV. THE LORD'S CARE – "work will remain."

Our Lord is interested in the ultimate. He watches over us and our work so that none is lost. OUR WORK ABIDES.

먼저 '가라'고 하신다. 믿는 자가 첫 번째로 할 임무는 사역 현장으로 파송되는 것이다. 두 번째 할 임무는 열매를 맺게 하는 것이다. 열매를 맺게 한다는 말에는 사람들이 구원을 받을 수 있도록 섬겨야 된다는 뜻이 담겨있다. 이것은 그리스도께서 일하시는 방법이며 그분의 교회가 수행해야 할 일이다.

Ⅳ. 주님의 돌보심 – "항상 있게 하여"

우리 주님은 끝까지 관심을 가져주시는 분이시다. 그분은 우리를 돌보시며 우리가 하는 일에 어떤 것도 잃어버리지 않게 하신다. 우리가 하는 일은 반드시 이루어진다.

2. HOPE FOR A 'BLAH' WORLD(Matthew 5:13)

A Sometimes a man's life startles you--startles you because you catch a glimpse of a truth you hold in your heart, but see it in operation, and you are staggered. Some time find the life of Henry M. Stanley, read it for the sheer joy of the unusual.

His mother left him. He spent his early years in a poor house. When eighteen he left Wales on a boat as a cabin boy; came to new Orleans; was adopted by a wealthy merchant named Henry M. Stanley, whose name he took. He joined the Confederate navy, was a prisoner of war, returned to Wales; came back to the United States. He then became a newspaper reporter for the New York Tribune. A missionary had been missing in Africa for five years, and young Stanley was sent to find him. He found him, spent time with him, and then wrote this tribute: "I went to Africa a prejudiced as the biggest infidel in London. But there came to me out there a long time for reflection. I was in the heart of Africa far away from a worldly world. I saw a solitary old man there, and asked myself, "Why is he here? Is he cracked? What motive can he have for such a life of loneliness, hardship, peril? For months I found myself just watching him, listening to him, and wondering at him as he carried out in his life the truths of the Word of God... Seeing his piety, gentleness, zeal and his faithfulness to work, I was converted by him, though he had not tried to do it."

B Why such a long quote? Because we are confronted with an illustration as to what on earth we are supposed to be. The Lord Jesus said in His remarkable message that introduced His ministry, "Your are the salt of the earth." Salt works! stanley's conversion is eloquent.

C Multitudes press in upon the Lord Jesus. The grassy slopes that slip into the Sea of Galilee are alive with people. Think of it. "The common people heard Him gladly" - Mark 12:37. The disciples were there. There were few greats as the world sees greatness, but to these He dares affirm, "YE ARE THE SALT OF THE

2. 싱거운 세상에 소망이 됨(마태복음 5:13)

A 때로 누군가의 삶이 당신을 깜짝 놀라게 만들기도 한다. 당신이 깜짝 놀랄 수밖에 없는 이유는 당신이 마음에 어렴풋하게 간직하고 있던 진리를 누군가 그대로 실행하는 것을 보게 되자 당신이 당황하게 되었기 때문이다. 이 시간 헨리 엠 스탠리의 경험담을 읽게 되면 그 진기한 일로 인하여 순전한 기쁨을 얻게 될 것이다. 그의 어머니가 그를 떠났다. 그는 어린 시절을 가난하게 지내야 했다. 18살에 그는 선원이 되어 배를 타고 영국 웨일즈를 떠나 뉴 올리안즈로 갔다. 그는 한 부유한 상인의 양자가 되어 헨리 엠 스텐리라는 이름을 갖게 되었다. 그는 남군의 해군으로 복무하다 전쟁 포로가 되어 웨일즈로 돌아갔다가 다시 미국으로 귀환하였다. 그런 후 그는 뉴욕 트리뷴지의 신문 리포터가 되었다. 한 선교사가 아프리카에서 5년간이나 실종된 상태였다. 그래서 젊은 스텐리는 그를 찾기 위하여 파송되었다. 그는 그를 찾았고, 그와 시간을 보냈다. 그런 다음 이런 찬사의 글을 썼다. "가장 많은 이교도들이 우글 거리며 살고 있는 곳이라는 런던에서부터 가졌던 편견을 가지고 나는 아프리카에 갔다. 그곳에서 나는 오지에 들어가 오랜 시간 숙고할 수 있는 기간을 가졌다. 내가 있던 곳은 속세 세상과는 아주 멀리 떨어진 아프리카 중앙이었다. 나는 그곳에서 홀로 사는 한 노인을 보고서 자문하였다. "어째서 그는 이곳에 있는 것일까? 마음에 무슨 아픔이라고 가지고 있는 것일까? 무슨 동기로 그는 그처럼 고독하고 힘들며 위험한 생활을 하는 것일까?" 여러 달 동안 나는 그저 그를 지켜보며 그의 말을 들을 수 있었는데 그가 하나님의 말씀의 진리대로 삶을 사는 것을 보고 그에 대한 경탄을 금치 못했다... 그의 경건함, 온유함, 일에 대한 열정과 성실함을 보면서 나는 그 사람 때문에 개종하게 되었다. 비록 그가 나를 개종시키려고 아무런 노력도 하지 않았는데 말이다."

B 어째서 이런 긴 이야기가 필요한가? 왜냐하면 세상에는 뜬금없는 가상의 이야기들이 하도 많기 때문이다. 주 예수님께서 사역에 관한 가르침을 베푸시는 놀라운 말씀을 하시는 가운데 "너희는 세상의 소금이니"라고 하셨다. 그 소금 역할로 인하여 스텐리가 개종하게 되었다는 것은 설득력이 잇다.

C 무리들이 주 예수님께 밀려들어 왔다. 갈릴리 바다를 향하여 비탈진 풀밭 위에 사람들이 와글와글 거렸다. 이것을 생각하라. "많은 사람들이 즐겁게 듣더라" - 막 12:37. 제자들이 거기 있었다. 세상이 위대하다고 보는 위인들은 극소수이다. 그런데 그분은 대담하게 확언하신다. "너희는 세상의 소금이니라." 우리는 이 시간 산상수훈에서 어떤 사람을 복된 사람이라고

EARTH." We look for a moment at the qualities of the blessed man, a person in the beatitudes; now we are to behold their influence upon the society in which they move. We turn our attention to.

I. THE ACTIVITY OF SALT.

A. The very nature of salt says something about its sphere of operation. For many life is a movement from one ' blah' experience to another. The dullness of it all drives to desperation. Then suddenly there is salt. Salt adds flavor.

Have you ever been on a salt-free diet? CHRISTIANS ARE TO PREVENT A SALT-FREE DIET.

We add flavor to life. The early christians stepped into a world with the 'blahs' and added new flavor to everything. Paul said to the Colossian Christians, Have your conversation "seasoned with salt" - Col. 4:6.

B. While salt adds flavor to life, it is also a PREVENTIVE. Salt prevents things from going bad. Salt never changes corruption to incorruption, but it prevents corruption. It combats deterioration. Think! Christians, by showing themselves to be Christians, are constantly combating moral and spiritual decay.

C. Think of it! We are a positive force in the world. Salt is not an exciting something. You don't have to sign for it at the drug store. It can be procured over the counter. BUT IT IS MIGHTY!

II. THE SPHERE OF OPERATION.

We are the salt of the earth. Our Lord is referring to people, to society. We live among folk in the now on this earth. Note the statement of Paul in I Cor. 15:47. In the presence of corruption we prevent its spread. Study Gen. 6 and 18. No salt!

하셨는지 생각해 본다. 그들은 틀림없이 그들이 활동하고 있는 사회에서 영향력을 끼치게 될 것이다. 우리를 돌아보자.

I. 소금의 역할

A. 뭐니 뭐니 해도 소금의 특성에 대해서 말한다면 단연 그것이 주변에 미치는 작용이다. 아무것도 가미되지 않은 싱싱한 재료는 대부분 처음에는 싱겁다. 밋밋하니 이걸 어떻게 해야 할지 싶다. 그때 떠오르는 것이 소금이다. 소금은 맛을 낸다.

무염 다이어트라는 것을 해보았는가? 그리스도인들은 무염 다이어트 같은 삶을 살아서는 안 된다.

우리는 인생에 맛을 내는 자이다. 초대 그리스도인들은 싱거운 세상에 들어와서 모든 분야에 새로운 맛을 더해 주었다. 바울은 골로새의 그리스도인들에게 이르기를 "너희 말을 항상 은혜 가운데서 소금으로 맛을 냄과 같이 하라"(골 4:6)고 하였다.

B. 소금은 싱싱한 재료에 맛을 더해줄 뿐만 아니라 또한 일종의 방부제 역할을 한다. 소금은 재료가 상하지 않게 막아 준다. 소금은 부패한 것을 부패하지 않은 것으로 바꿔주지는 못해도 뭔가가 부패하는 것을 막아 준다. 그것은 퇴락되는 것과 싸운다. 생각하자! 그리스도인들은 자기가 그리스도인이란 것을 보여 줌으로써 계속해서 도덕적 그리고 영적 타락과 싸워야 한다.

C. 상상해 보라! 우리는 세상에서 유일한 긍정의 힘이다. 소금은 흥분제가 아니다. 그것을 사기 위해 약국에 처방전을 드릴 밀 필요가 없다. 그것은 가게에서 손쉽게 구할 수 있다. 그렇지만 그것은 강력하다!

II. 작용 범위

우리는 세상의 소금이다. 우리 주님을 사람들에게 그리고 사회에 알려야 하는 소금이다. 우리는 사람들과 더불어 오늘 이 세상에서 살고 있다. 바울이 고린도전서 15:47에서 말한 것에 주목하라. 부패가 만연한 현세에서 우리는 그것의 확산을 방지해야 한다. 창세기 6장과 18장을 공부하라. 그것은 소금이 아니다!

III. THE PLAN FOR OPERATION.

    A. Today we freeze our meat to prevent spoilage. There was a day when salt was used.

    B. Meat was packed in large earthenware jars of barrels. The salt worked through its proximity to the meat. No separate barrels!

Ⅲ. 사용 계획

A. 오늘날은 음식을 냉동 처리하여 손상되지 않게 방지한다. 당시에는 소금을 사용하였다.

B. 음식물을 커다란 질그릇 항아리에 가득 담아 보관하였다. 그 안에 함께 담겨있는 소금이 근처에 있는 음식물에 작용한다. 항아리 밖에 따로 두지 않았다.

3. LIGHT IN THE NIGHT(Matthew 5:14)

A Do you have photograph albums at your house: Such a question almost dates you. The days of albums are about over, and now we have slides and projectors. However, there is something about a collection of family pictures that you can't experience anywhere else.

B Frequently I find myself turning the pages of the Word of God just looking at family pictures, attempting to see myself the way God really sees me in this world. You will check some of these sometime and put a note in your Bible:

     1. Lambs - John 21:15

     2. Sheep _ John 10:27

     3. Flock - Matt. 26:31

     4. Field - I Cor. 3:9

     5. Tree - Psalm 104:16

     6. Palm tree - Psalm 92:12

     7. Cedar tree - Psalm 92:12

     8. Dew - Micah 5:7

     9. Building - I Cor. 3:16.

    10. Living stones - I Pet. 2:5

You will also find in II Tim. 2 seven of your pictures, well worth study.

C Before us this evening there is flashed the most amazing word that has ever been spoken as to our position in this present passing world. A well known teacher said, "It may well be said that this is the greatest compliment ever paid to the individual Christian. Think on this for a moment! He turned to these men, ordinary, untrained, common folk and dared to say, "You are the light of the world." Martin-Lloyd Jones observes, "It is one of those statements that should always have the effect upon us of making us lift our heads, causing us to realize

3. 밤중에 빛 (마태복음 5:14)

A 집에 사진 앨범을 가지고 있느냐는 식의 질문은 오늘날 대개 하지 않는다. 앨범 시대는 거의 끝나고 지금은 디지털 카메라와 프로젝터를 저마다 가지고들 있다. 하지만 당신만을 위한 가족 사진첩은 다른데서는 찾아볼 수 없는 여전히 소중한 자산이다.

B 나는 자주 하나님께서 이 세상에 살고 있는 나를 어떤 식으로 보고 계실지 알아보기 위하여 하나님의 말씀을 넘기면서 마치 가족사진을 보는 것 같은 구절들을 보게 된다. 당신도 때로 성경에서 이것들을 확인하면서 내용을 정리해 두기 바란다.

1. 어린 양들 - 요 21:15
2. 양 - 요 10:27
3. 양의 떼 - 마 26:31
4. 밭 - 고전 3:9
5. 나무 - 시 104:16
6. 종려나무 - 시 92:12
7. 백향목 - 시 92:12
8. 이슬 - 미 5:7
9. 건물 - 고전 3:16
10. 산돌 - 벧전 2:5

당신은 또한 디모데후서 2장에서 연구할 가치가 충분히 있는 일곱 가지 그림도 볼 수 있을 것이다.

C 이처럼 살같이 빠르게 지나는 현실 세상에서 우리의 위치를 말해 주고 있는 매우 놀라운 낱말이 반짝거리고 있다. 한 저명한 교사가 말하기를 "이는 그리스도인 개개인에게 붙여 줄 수 있는 최고의 칭찬의 말이라고 해도 좋을 것이다"라고 하였다. 이 시간 이것을 생각해 보자! 그분은 이런 잘난 것도 없고, 훈련되지도 못한 평범한 자들을 향하여 당당하게 이르시기를 "너희는 세상의 빛이다"라고 하셨다. 마틴 로이드 존스는 피력하기를 "이런 종류의 말씀은 언제나 우리의 머리를 들게 하는 효과가 있는데, 우리가 그리스도인이 되었다는 것이 얼마나 대단한 것이며 영광스러운 것인지 깨닫게 해 준다"고 하였다. 이제 이 진리들에 대하여 살펴

once more what a remarkable and glorious thing it is to be a Christian." Let us then reflect on these truths:

I. THE STATE OF THE WORLD.

A. If we are to be light, there must be a reason. The reason is obvious. The world in rebellion against God and against Christ is designated in II Pet. 1:19 as "a dark and squalid place."

B. Paul refers to the passing scene in Phil. 2:15 as "crooked and perverse." Philips translates, "warped and diseased."

II. THE ENTRANCE OF LIGHT.

A. Isaiah had a great prophetic voice when he cried out, "The people that walked in darkness have seen a great light: they that dwell in the land of the shadow of death, upon them hath the light shined" - Isa. 9:2.

B. Note these majestic words of fulfillment:

John 1:4 / John 1:9 / John 8:12 / John 1:5 / John 3:19 / John 12:35,36,46 / John 9:5

III. THE CONTINUATION OF LIGHT.

A. The Lord Jesus made known His departure on many occasions. He would return to the Father. Did this infer the cessation of light in the world? Oh, no!

B. The wonder of it is this. WHAT HE IS WE ARE. He is light. We are lights in this world. Reflect at length upon this truth in John 14:23. God is going to come to us and abide in us. He is the Father of light, the source of light - Jas. 1:17. Look now to II Cor. 4:6.

C. We are to shine naturally, sacrificially, openly, where we are. Going across the ocean doesn't make us lights if we are not lights at home.

보도록 하자.

I. 세상의 상태

A. 우리가 빛이 되어야 한다는 데는 다 이유가 있다. 그 이유는 분명하다. 하나님을 대적하고 그리스도를 대적하여 반역하고 있는 세상을 가리켜 베드로후서 1:19에서는 "어둠과 더러운 곳"이라고 묘사한다.

B. 바울은 빌립보서 2:15에서 현세의 모습을 "어그러지고 거스르는"이라고 언급한다. 필립스는 "뒤틀어지고 병들어있는"이라고 번역한다.

II. 빛의 발산

A. 대단한 예언적 목소리를 소유한 이사야는 이렇게 부르짖었다. "흑암에 행하던 백성이 큰 빛을 보고 사망의 그늘진 땅에 거주하던 자에게 빛이 비치도다" – 사 9:2.

B. 이 예언의 성취를 당당히 말하고 있는 말씀들을 살펴보라.
요 1:4 / 요 1:9 / 요 8:12 / 요 1:5 / 요 3:19 / 요 12:35,36,46 / 요 9:5

III. 빛의 지속성

A. 주 예수께서 여러 차례에 걸쳐 그분이 떠나실 것을 알려 주셨다. 그분이 아버지께로 돌아가실 것이란 뜻이다. 그렇게 되시면 세상에서 빛이 사라지는 것일까? 오, 아니다!

B. 놀랍게도 그분의 어떠하심과 같이 우리도 그러하다. 그분은 빛이시다. 우리도 이 세상에서 빛이다. 요한복음 14:23의 이 진리의 길이를 생각해 보라. 하나님께서는 우리에게 오실 것이고, 우리 안에 거하실 것이라고 하셨다. 그분은 빛의 아버지, 곧 빛의 근원이시다 – 약 1:17. 이제 고린도후서 4:6을 보라.

C. 우리는 자연스럽게, 희생적으로, 개방적으로 우리가 있는 곳에서 빛을 발산해야 한다. 제아무리 바다를 건너간다 해도 만일 우리가 집에서부터 빛이 되지 않는다면 우리는 빛을 발산할 수 없다.

IV. THE REFLECTION OF LIGHT.

A. We are the light of the world, not the light of the church.

B. We are like a city set upon a hill, We are to be seen.

C. As we go and glow, let our light shine, we will glorify our Father in Heaven. Don't miss this in John 16:14.

D. When we sing with holy enthusiasm, "The whole world was lost in the darkness of night, the Light of the world is Jesus," we should be reminded that we are the light holders and light carriers in a dark and squalid place.

Ⅳ. 빛의 반사

   A. 우리는 세상의 빛이지, 교회의 빛이 아니다.

   B. 우리는 언덕위에 세워진 도시와 같이 우리는 보여지는 자들이다.

   C. 우리는 가서 빨갛게 타야 빛을 발산한다. 그래서 하늘에 계신 우리 아버지께서 영광을 받으시도록 해야 한다.

   D. 우리는 거룩한 열정을 가지고 "온 세상이 캄캄하여서 참 빛이 없었더니, 세상의 빛은 오직 예수시라"는 찬송을 부르면서, 그야말로 우리는 이 어둡고 더러운 곳에서 빛을 보유한 자요, 빛을 나르는 자라는 것을 명심해야만 한다.

4. A FRAGRANCE FOR GOD (II Corinthians 214-17)

A Do you find yourself passing by perfume counters and for a brief moment lingering just to catch a whiff of a scent that speaks to you of elegance? If you have been arrested by the fragrance, it could be that you have stopped and asked the price and were shocked at the cost. The costly perfumes could be as high as two hundred dollars an ounce. The key ingredient in costly perfumes is musk, which can cost as much as one thousand dollars an ounce. Perfumes can be derived from animals, flowers and synthetics.

B F. W. Boreham has an essay on perfumes and smells. He deals with the smells of woods, grass, foods, flowers, and makes an observation: "The smell of a thing is the soul of a thing. It is the one vital, essential element about it. The sight of a thing may kindle my curiosity; the sound of a thing may arouse my interest; but the smell of a thing, in some subtle and elusive fashion of its own, avoids all formal avenues of approach and takes possession of the chambers of my mind at once.

There is nothing like a scent to suddenly and vividly recall forgotten memories."

C When the Spirit of God moved Paul to write about us who are a part of the family of God, he laid hold of a mighty word to impress us with our importance in a "smelly" world. As he brings to our attention the thought of fragrance, savour, we immediately find a concern as to those of whom he speaks. He is speaking about the Corinthians--and about us. Look for a moment as the curtain lifts on those who have become fragrance for God. They step before us in I Cor. 6:9-11. What a crowd they were. These folk have become the aristocracy of God. They have become saints - I Cor. 1:2, THEY ARE THE PERFUME CARRIERS.

D Let's take a moment to gather up some pertinent truths on this remarkable subject in Scripture:

I . Ex. 30:22-33. Note the tabernacle was to be anointed. The priests were to be

4. 하나님의 향기 (고린도후서 2:14-17)

A 향수 파는 곳을 지나가다가 잠깐 머뭇거리며 그곳에서 나는 냄새를 묻혔다고 해서 당신을 우아하다고 말할 수 있을까? 향수 냄새가 나게 하려면 멈추어 서서 그 가격부터 물어봐야 할 것이다. 아마도 그 가격에 충격을 받을지도 모른다. 값비싼 향수는 한 병에 수십 만 원 이상을 호가하기도 한다. 값비싼 향수의 중요한 성분은 사향인데, 그 가격은 일 온스에 수백만 원이 넘는다. 향수는 동물, 꽃, 합성물질로 만들어진다.

B 에프 더블유 보어함은 향수와 향기에 대한 수필을 썼다. 그는 나무, 풀, 음식, 꽃의 향기를 거론하며 이렇게 적고 있다. "어떤 물질의 향기는 그 물질의 영혼이라 할 수 있다. 각기 나름대로 마치 살아있는 것 같은 느낌을 주는 고유의 성분이 그 안에 들어있기 때문이다. 하나하나의 물질이 나의 호기심을 불러일으킨다. 그 물질의 소리가 나의 흥미를 유발시킨다. 그런데 각 물질의 향기는 저마다 그 고유의 미묘하고도 설명하기 애매한 스타일이 있기에 잘 정돈된 가로수처럼 쉽게 접근하는 것이 어렵고 오직 내 마음의 비밀스런 방에 담아두어야만 한다."

B 하나님의 성령께서 바울을 감동하셔서 우리는 하나님의 가족으로서 어떤 역할을 하는 자인지 기록하게 하셨을 때, 그는 한 강력한 용어를 사용하여 '악취나는' 세상에서 우리가 차지하는 중요한 비중에 대하여 알려주고 있다. 그는 향기나 풍미라는 말에 우리의 관심을 집중시키고 있는데 과연 그가 말하고 있는 수신자들이 누구인데 이런 말을 하는 것인지 궁금해진다. 그는 고린도인들에 관하여 그리고 우리에 관하여 말하고 있는 중이다. 커튼을 걷고 보니 그들은 바로 하나님의 향기를 내고 있는 자들이었다. 그들의 이전 상태가 고린도전서 6:9-22에 나와 있다. 그들은 전에 어떤 무리들이었는지 적혀 있다. 그랬던 자들이 하나님의 고귀한 자들이 되었다. 그들은 성도가 된 것이다. - 고전 1:2. 그들은 향기를 풍기는 자들이다.

D 잠시 성경에서 이 놀라운 주제에 관련된 타당한 진리들을 한데 모아보도록 하자.

I. 출 30:20-33 성막에 기름을 발랐다는 점에 주목하라. 제사장들에게도 기름을 부었다. 우

anointed. We are a "kingdom of priests" in the New Testament - I Pet. 2:9.

II. Psalm 133 - The fellowship of God's people is a fragrance in this tortured and fragmented world.

III. Proverbs 27:9 - The Church becomes a center of rejoicing because of the anointing with ointment.

NOTE: We are impressed with the truth that the ointment of the Old Testament is a picture of the work of the Holy Spirit of God in our lives as believers.

E Paul now gives to us an unforgettable picture. It lingers like the perfume it illustrates. He lays hold of the triumph that was given to a Roman General. He has been with his army in a distant land putting down an uprising. He now returns victorious. A holiday is declared and the General moves down the broad avenue. Before him there are those who carry censors. There are prisoners to be freed. The fragrance speaks of victory and conquest. Behind him there are those who are condemned.

Paul sees us in this world as those who have come to God. He is now leading us in triumph and we are a fragrance in this world. We are the perfume of heaven. we are a fragrance in this world, and it has come to pass:

I. THROUGH KNOWLEDGE OF HIM - II Cor. 2:14.
 A. This is the proper interpretation. It is a fragrance that comes through the knowledge of God and then is expressed through us.
 B. This fragrance is manifested "in every place."

II. THROUGH BEING WITH HIM - Psa. 45:8.
We cannot spend time with Christ in our devotion, in prayer, without being perfumed by Him.

III. THROUGH BEING BROKEN - John 12:3-8.
When Mark records this event he tells us that Mary broke the box. She could

리는 신약에서 제사장 나라이다 - 벧전 2:9.

Ⅱ. 시편 133 하나님의 백성들의 교제는 이 괴롭고 산산이 흩어진 세상에서 향기이다.

Ⅲ. 잠 27:9 교회는 향기로운 기름으로 인하여 기쁨의 센터가 된다.

메모: 구약의 향기는 성도들의 삶 가운데서 역사하시는 하나님의 성령을 예표한다는 사실은 참으로 감동적이다.

E 바울은 이제 결코 잊을 수 없는 한 가지 그림을 우리가 그릴 수 있게 해준다. 마치 오래 머무르는 향기와 같은 이야기이다. 그가 이겼다고 하는 대목에서 우리는 로마군 장교를 떠올릴 수 있다. 그는 자기 병사들을 동원하여 침략군을 진압하기 위하여 멀리 원정을 떠났다. 그는 성공적으로 임무를 수행하고 이제 돌아왔다. 휴일이 선포되고 그 장교는 대로를 따라 광장까지 행진을 벌인다. 그의 앞에는 감찰관들이 도열하고 있다. 죄수들은 방면되었다. 향기를 피워 승리와 정벌을 축하한다. 그의 뒤로는 포로들이 따르고 있다.

바울은 이 세상에 있는 우리를 하나님께 나아온 자로 본다. 그분은 이제 우리를 이끌어 승리를 축하하는 도구로 삼으신다. 그런 의미에서 우리는 이 세상에서 향기와 같은 존재인 것이다. 우리는 천국의 승리를 축하하기 위한 향기이다. 우리는 이 세상에 있는 동안 향기가 되어 실제로 향기를 발해야 하는 것이다.

Ⅰ. 그분을 앎으로 말미암아 - 고린도후서 2:14

A. 이는 절적한 해석이다. 하나님을 아는 냄새란 하나님을 알 때 나는 냄새란 뜻이다. 따라서 우리가 하나님을 알 때 우리를 통해서 향기가 나게 되는 것이다.

B. 이 향기는 "각처에서" 맡을 수 있다.

Ⅱ. 그분과 함께 있음으로 말미암아 - 시편 45:8

우리가 예배와 기도로 그리스도와 함께 시간을 보낼 수 없다면 그분으로 인하여 향기가 발생하는 일은 없을 것이다.

Ⅲ. 깨어짐으로 말미암아 - 요한복음 12:3-8

마가는 이 사건을 기록하면서 마리아가 옥합을 깨뜨렸다는 것을 말하고 있다. 그녀는 조용

have been a quiet observer, but she took that which was hers and gave it to her Lord. she broke it.

히 듣고만 있는 자였지만, 그녀가 가진 옥합을 가져다가 그것을 주님께 드렸다. 그녀는 그것을 깨뜨렸다.

5. LETTER! SPECIAL DELIVERY AND FIRST CLASS
(II Corinthians 3:1-3)

A The most delightful hour of the day when I was a boy at home on the farm was between 12:00 and 12:30. It was at that time that our mailman pulled up to our spacious mail box and deposited long-awaited letters, catalogs and letters from choice friends. I have never gotten over the wonder of letters. Solomon must have been thinking about letters when he wrote, "As cold waters to a thirsty soul, so in good news from a far country" - Prov. 25:25. Of course we are sure that Solomon had the far view and was thinking of the Good News that has come from God's country to us.

B Some of the facts pertaining to letters are almost unbelievable. It's hard to believe that the longest personal letter based on a word count is one of 1,113,747 words. It took eight months to write and was sent by Jacqueline Jones of Lindale, Texas, to her sister, Mrs. Jean stewart of Springfield, Maine. Who do you suppose received the most letters in one year? This is a private citizen. Hank Aaron received in the year 1974 900,000 letters. What a tremendous amount of mail--and most disturbing when you realize that one-third of the letters were hate letters!

C A study that proves startling and informative is the reflection of the writing of God. It is not often that we give ourselves to reflection of this aspect of deity.

However, there are truths that prove most instructive:

    1. God writing on tablets of stone - Exodus 34:28 - Authority.

    2. God writing on the wall of a palace - Daniel 5:5 - Judgment.

    3. God writing in the dust of the temple floor - John 8:6 - Grace.

You cannot contemplate the wonders of the writing of God without an appreciation of His greatness and His grace.

5. 편지! 특별 배송을 요하는 특급 편지(고린도후서 3:1-3)

A 어린 시절 농장에 있는 집에서 지낼 때, 하루 중 가장 신나는 시간은 12:00에서 12:30 사이였다. 그 시간만 되면 우체부 아저씨가 우리집의 큰 우편함을 열고서 오래 기다리던 편지들, 카탈로그들과 몇 몇 친구들이 보낸 편지를 넣고 갔다. 나는 편지를 받을 때마다 언제고 신나했다. 솔로몬은 편지를 기다리던 내 마음을 꿰뚫고 있었던 것 같다. "먼 땅에서 오는 좋은 기별은 목마른 사람에게 냉수와 같으니라" - 잠 25:25. 물론 솔로몬은 하나님의 나라에서 우리에게 오게 될 기쁨의 좋은 소식인 복음을 멀리서 내다보고 예견했던 것이라고 확신한다.

B 편지에 얽힌 사연들 가운데 어떤 것은 거의 믿지 못할 정도로 놀랍니다. 개인이 쓴 가장 긴 편지는 믿기 어렵지만 그 단어수가 1,113,747자에 달한다. 이것은 텍사스주 린데일시의 잭클린 존스가 8개월간 써서 메인주 스프링필드에 사는 그녀의 누이인 진 스트워트에게 보낸 편지이다. 일년동안 가장 많은 편지를 받은 사람은 누구라고 생각하는가? 이는 미국 시민권을 가진 자이다. 행크 아론은 1974년에 900,000통의 편지를 받았다. 어마 어마한 양의 편지들 가운데 폐를 끼치는 것들도 엄청나다. 대개 편지들 가운데 3분의 1은 받기 싫은 편지인 것 같다.

C 배워 유익하며 가히 경탄을 금치 못할 편지는 하나님이 쓰신 서신이란 것이 이미 입증되었다. 그런데도 우리는 때로 이 신성한 서신에 관심을 기울이지 않는다.

하지만 그 편지가 대단히 유익하다는 것을 보여주는 진리들이 있다.

　　1. 하나님은 돌판에 기록하셨다 - 출 34:28 - 권위

　　2. 하나님은 궁전 벽에 기록하셨다 - 단 5:5 - 심판

　　3. 하나님은 성전 땅 바닥에 기록하셨다 - 요 8:6 - 은혜

당신이 하나님의 편지의 그 놀라움을 제대로 살펴보려면 우선 그분의 위대하심과 은혜를 올바르게 이해하여야 한다.

D There is another writing, and it is to this we give ourselves as we think of God's purpose for us as He has left us in the changing scenes of this present age.

E It is important for us to look at the background of this picture in II Cor. 3:1-3.

Paul had been at Corinth and had preached the Gospel. They had heard and seen him as he ministered. He has been away from the city for awhile and is now about to go back and meet with them again. Some of Paul's enemies got to the church and said, "Before you allow Paul to preach, be sure you have a letter of commendation from folk who know him." Paul said, "This is ridiculous! YOU BELIEVERS ARE THE LETTERS." As individuals we are Christ's letters, and the Church unitedly is God's letter to the world. Let us look at this wondrous truth to see:

I . THE WRITER - vs 3.

The Spirit of the living God is the Writer. His work in our lives begins with conviction of need, and the moment we come to Christ we are saved. You will remember that the Spirit's work is REGENERATION, INDWELLING, BAPTIZING, SEALING. This is non-experiential, but factual. The transaction takes place and is factual and actual.

II . THE MATERIAL - vs 3.

A. You will recall that God used tablets of stone, a palace wall and the temple floor. God is not writing upon material substance in this age.

B. God the Holy Spirit is writing upon the fleshly tablets of our heart. What a material it is. Let's walk for a few moments along this Bible path marked HEART;
　　1. Physical life - Acts 14:17
　　2. Moral Nature - John 14:1
　　3. Emotional life - Jn 16:22

D 또 다른 하나의 편지가 있는데, 그것은 우리들 자신이다. 우리를 향한 하나님의 목적을 생각해 볼 때, 그분은 우리가 이 현 시대의 모습을 변화시키길 바라신다.

E 우리가 고린도후서 3:1-3에서 이것의 밑그림을 살펴보는 일은 중요하다.

바울은 고린도에 머물면서 복음을 전하고 있었다. 사람들은 들었고 또한 그가 하는 사역을 보았다. 그는 얼마간 그 도시를 떠났고 이제 돌아와서 그들을 다시 만났다. 바울의 대적자들 몇이 교회에 와서 말하기를 "비록 전에는 너희가 바울이 설교하도록 허락하였지만, 이제는 그를 알고 있는 자에게서 추천서를 받는 것이 타당하다"라고 하였다. 바울은 말하기를 "이것은 어리석은 일이다. 너희 믿는 자들이 곧 그 추천서이니라"라고 하였다. 각각 그리스도의 편지들인 우리들 한 사람 한 사람이 모여서 한 덩어리를 이룬 지상의 교회는 세상에게 보내진 하나님의 편지이다. 이런 놀라운 진리를 살펴보도록 하자.

I. 발신인 – 3절

살아계신 하나님의 성령이 발신인이시다. 우리의 삶에서 그분이 하시는 사역은 부족한 자에게 확신을 주시며, 또한 우리가 그리스도께 나오는 순간 우리를 구원하시는 일이다. 성령께서 하시는 일은 중생, 내주, 침례, 인치심이란 것을 기억하기 바란다. 이것은 경험에 근거하지 않고 사실에 입각한다. 성령이 개입하셔서 발생하는 사실적이고 실제적인 일이다.

II. 재료 – 3절

A. 하나님은 돌판, 궁전 벽, 그리고 성전 바닥을 이용하셨다는 것을 상기하기 바란다. 하나님은 우리 주변에서 구할 수 있는 물질이나 물체에다 쓰지 않으신다.

B. 성령 하나님께서는 우리 육체 속에 있는 마음판에다 쓰신다. 마음판이 재료이다. 잠시 마음과 관련된 성경 구절들을 살펴보도록 하자.

1. 육체의 생명 – 행 14:17
2. 도덕적 본성 – 요 14:1
3. 정서적인 생활 – 요 16:22

4. Affections – Luke 24:32

5. Perceptions – Jn 12:40

6. Thought – Matt. 9:4

7. Understanding – Mt 13:15

8. Reasoning – Mark 2:8

9. Imagination – Lk 1:5

10. Intentions – Heb. 4:12

11. Purpose – Acts 11:23

12. Will – Col. 3:15

Definition: HEART STANDS FOR THE ENTIRE MENTAL, MORAL ACTIVITY OF MAN. Here God writes by His Spirit.

III. THE MESSAGE – vs 3.

As letters of Christ we reflect the personality of the writer, the Holy Spirit, and His theme, the Person of Christ.

4. 감동 – 눅 24:32

　　5. 인식 – 요 12:40

　　6. 사상 – 마 9:4

　　7. 이해 – 마 13:15

　　8. 추리력 – 막 2:8

　　9. 상상력 – 눅 1:5

　10. 의도 – 히 4:12

　11. 목적 – 행 11:23

　12. 의지 – 골 3:15

정의: 마음이란 일체의 정신적, 도덕적 인간의 활동을 나타낸다. 여기에 하나님께서 성령으로 말미암아 쓰신다.

III. 내용 – 3절

그리스도의 편지로서 우리는 발신인이신 성령님의 인격, 그리고 그분의 주제이신 그리스도를 숙고해야 한다.

6. LOOK AT THAT TREE!(Psalm 92:12)

A Do trees have a fascination for you? Do you sometimes just stop and look with wonder?

If you have not done so, some day go to the dome of the capitol and look out upon our city with its trees. Better yet, take a plane.

B Joyce Kilmer was captivated by the beauty he beheld in the trees. As you know, Alfred Joyce Kilmer was a gifted man. His productive life was cut short in battle in 1918. I have been grateful that he wrote:

> "I think that I shall never see
> A poem lovely as a tree.
> A tree whose hungry mouth is pressed
> Against the earth's sweet flowing breast;
> A tree that looks to God all day,
> And lifts her leafy arms to pray.
> A tree that may in summer wear A nest of robins in her hair;
> Upon whose bosom snow has lain; Who intimately lives with rain.
> Poems are made by fools like me But only God can make a tree."

C He saw a tree as the handiwork of God, eloquent in the story she tells to those who walk quiet paths, lonely roads, precipitous mountains. The Holy Spirit of God was careful to tell us, "HE MADE THE TREES..." - Gen. 1.

D As you read the Word of God, jot down the trees that are mentioned that are of more than passing interest, trees that have a message:

　　　1. A forbidden tree - Gen. 2:17.

　　　2. A healing tree - Exodus 15:25.

　　　3. A juniper tree - I Kings 19:4

6. 나무를 쳐다보라!(시편 92:12)

A 당신은 나무의 매력을 느껴본 적이 있는가? 종종 멈추어 서서 그 신기함을 본 적이 있는가?

만일 그런 경험이 없다면, 한번 도심 꼭대기에 올라가 나무와 어우러져 있는 도시를 내려다보기 바란다. 그렇지 않으면 비행기를 타보는 것도 좋을 것이다.

B 조이 킬머는 나무들의 아름다움에 매료되었던 미국의 시인이었다. 알프레드 조이스 킬머는 탁월한 재능을 가진 사람이었다. 그의 활발했던 작품 활동은 1918년 전쟁과 더불어 끝을 내야만 했다. 나는 그의 작시한 멋진 시 한편을 소개하고자 한다.

"나는 생각한다. 나무처럼 사랑스런 시를
결코 볼 수 없으리라고.
대지의 단물 흐르는 젖가슴에
굶주린 입술을 대고 있는 나무
온종일 하나님을 우러러보며
잎이 무성한 팔을 들어 기도하는 나무,
여름엔 머리칼에다 방울새의 보금자리를 치는 나무
가슴에 눈이 쌓이고 또 비와 함께 다정히 사는 나무
시는 나와 같은 바보가 짓지만 나무를 만드는 건 오직 하나님뿐."

C 그는 나무를 하나님의 손 작품으로 보았다. 험준한 산속 고요한 오솔길, 그 외줄로 난 산길을 지나본 사람이라면 누구나 공감하는 시이다. 하나님의 성령께서 우리에게 "그분이 나무들을 만드셨다"고 넌지시 알려주신다 – 창1

D 하나님의 말씀을 읽어보면, 나무는 지나가는 흥밋거리 그 이상의 것임을 알 수 있다. 나무는 어떤 메시지를 담고 있다.
1. 금지된 나무 – 창 2:17
2. 치료하는 나무 – 출 15:25
3. 로뎀 나무 – 왕상 19:4

4. A flourishing tree - Psalm 1:3.

5. A corrupt tree - Matt. 7:17.

6. A good tree - Matt. 7:17.

7. THE TREE WHERE THE QUESTION OF SIN WAS SETTLED - I Pet. 2:24.

8. The tree given by God for the healing of nations - Rev. 22:2.

Reflect on these trees that dot the landscape of God's revelation.

E We want to turn our attention to a tree that was chosen by the Holy Spirit as a picture of those who make up the family of God. We can literally cry out, "Look at that tree!" God speaks of us as cedars, the "cedars of Lebanon."

F The cedars of Lebanon were to reflect the fact that the living God is upright. His care for those in old age is a strong indication of His faithfulness and truth in keeping His promises. As He is faithful to us we are as cedars reflecting what He has done and does.

I. CEDARS ARE CREATED AND PLANTED BY GOD - Gen. 1:12 - Psa. 104:16 - Psa. 92:13.

Ponder this. He not only has made us, but in sovereignty plants us for His work and gives us a place in His house.

II. CEDARS ARE INVOLVED, USED IN CONSTRUCTION - I Kings 5:8,10

I Kings 6:18,20,36 / I Kings 7:2,3,7,11,12 / Ezra 3:7.

Is it not a most remarkable truth that when God was about to build a house for Himself He used cedars? They were brought from a distance with difficulty, but used to build a house, a temple for God.

III. CEDARS HAVE A RESPONSIBILITY IN CLEANSING - Lev. 14:4-52.

This chapter sets forth the procedure given to Israel for the cleansing of the

4. 형통한 나무 – 시 1:3

5. 나쁜 나무 – 마 7:17

6. 좋은 나무 – 마 7:17

7. 죄의 문제가 해결되었던 나무 – 벧전 2:24

8. 만국을 치료하기위해 하나님이 주신 나무 – 계 22:2

하나님의 계시의 동산에 심겨져 있는 이 나무들을 잘 살펴보기 바란다.

E 이제 성령께서 하나님의 가족을 묘사하기 위해 선택하신 나무를 살펴보도록 하자. 말 그대로 우리는 "그 나무를 쳐다보자"라고 외칠 수 있다. 하나님은 우리에 대하여 백향목, 곧 "레바논의 백향목"이라고 말씀하신다.

F 위로 곧게 뻗으며 자라나는 레바논의 백향목들은 살아계신 하나님이 올곧으신 분이란 것을 생각나게 해 준다. 이는 하나님께서는 그 옛날 백향목들을 돌보아 주신 것처럼 자기가 하신 약속들에 따라 신실하고 성실하게 우리도 키워 주실 것이란 것을 강력하게 보여 주는 말씀이다. 그분은 우리에 대하여 성실하신 분이시다. 하나님은 우리를 백향목처럼 성장케 하실 것이다.

I. 백향목은 하나님이 만드셨고 심으셨다. – 창세기 1:12 / 시편 104:16 / 시편 92:13

이것을 깊이 생각해 보라. 그분은 우리를 만드셨을 뿐 아니라, 주권적으로 우리를 그분의 사역을 위해 심으시되 그분 집 어느 한 곳에 우리를 두셨다.

II. 백향목은 건축 재료로 유용하다 – 열왕기상 5:8,10

왕상 6:18,20,36 / 왕상 7:2,3,7,11,12 / 스 3:7.

하나님께서 자기 집을 세우시는데 그분이 백향목을 쓰신다니 이 얼마나 대단히 놀라운 진리가 아닌가? 백향목을 저 멀리에서 힘들게 가져와서 하나님의 집, 곧 하나님의 성전을 짓는 데 사용하였다.

III. 백향목은 정결례에 꼭 필요하였다 – 레위기 14:4-52

이 장은 나병환자를 정결하게 하는 의식에 관하여 이스라엘 백성에게 주신 말씀이다. 본문

leper. This has to be read leisurely and thoughtfully. This great work of cleansing needed cedar. Consistently through the Word of God leprosy is a picture of the sinner and his state. God has made provision for cleansing, but we are essential in the work of cleansing planned by God.

"HOW SHALL THEY HEAR IF NO ONE TELLS THEMS?" - Rom. 10:14.

IV. CEDARS ARE KEPT FRUITFUL EVEN TO OLD AGE - Psalm 92:14,15.

We should lay hold of this regardless of age. All through life we will be His trees, cared for, watched over, productive and blessed. Don't miss Isaiah 46:4.

We should be praiseful for all that God has purposed for us in life, in death and tomorrow.

말씀 전체를 찬찬히 빼놓지 말고 읽어볼 필요가 있다. 이 정결례를 위하여 반드시 백향목이 필요했다. 하나님의 말씀을 통틀어 볼 때, 나병이 상징하는 바는 죄인과 죄인의 상태이다. 하나님은 정결케 하는 일에 대하여 말씀하고 계신다. 그런데 하나님이 계획하신 정결케 하는 일에 백향목된 우리를 꼭 필요로 하신다.

"전파하는 자가 없이 어찌 들으리요?" - 롬 10:14

IV. 백향목은 심지어 늙어도 여전히 결실한다 - 시편 92:14,15

우리는 백향목은 나이와 상관없다는 것을 명심해야 한다. 우리는 그분이 기르시는 나무이기 때문에 그분이 돌보시고, 살펴주실 것이므로 반드시 결실하며 복을 누리게 되는 것이다. 이사야 46:4을 잊지 말자.

우리가 평생에 걸쳐 하나님을 찬양할 것은 우리가 살든지, 죽든지, 천국에 있든지 하나님은 우리를 향한 계획을 가지고 계신다는 것이다.

7. HARVEST TIME (I Corinthians 2:9)

A Do you remember poems that you learned just because they spoke to you about the enjoyable experiences of life? No doubt you remember James Whitcomb Riley and his poems that spoke in a homespun way on the subject of living. My favorite was "When the frost is on the punkin." One line of that poem recalls all the wonder of harvest time with its sights, its smells, its glory.

B God has a great interest in harvest time. Reflection upon harvest time produced concern--or should --in the heart of the workmen - Prov. 20:4. The thought of a coming harvest should stir the heart - Prov. 10:4,5.

C God's movement in this present time through His people is likened to seed sowing and harvest. These passages should move us to a new devotion for the work that God seeks to do"

1. Psa. 126:6 - going, weeping, bearing, bringing. These are truly great words.
2. John 4:35-37. Don't miss the wonder of this lovely scent. A lady of doubtful character meets Jesus and immediately goes to the city to sow the seed, and many believe.

D Harvest time has an eschatalogical aspect. Harvest time has to do with the culmination of this present age. Look for a moment at the stirring parable of the tares in the field found in Matt. 13:24-30. Note that "harvest time" comes at the end of the age - Matt. 13:30 - 38.

We cannot pass by the truths set forth in Rev. 14:14-20 where the preparation for Armageddon is called a time for the harvest of the earth.

E The Scriptures are clear about a time when God will gather a harvest of grain into the heavenly granaries. How will this harvest be produced? It is to one aspect of this work that we turn our attention. Look with me at a picture given in I Cor.

7. 추수 때(고린도전서 2:9)

A 혹시 당신은 삶을 살면서 즐거움을 주는 시 몇 편을 암송하고 있는가? 소박한 어투로 인생의 주제들을 다루고 있는 제임스 휘트컴 라일리의 시를 많은 미국 사람들이 암송하고 있다. 내가 좋아하는 시는 "서리가 호박 위에 내릴 때"이다. 그 시 첫 소절은 추수 때의 놀라운 그 광경, 그 내음, 그 광경을 회상케 한다.

B 하나님께서는 추수의 때에 매우 큰 관심을 가지고 계신다. 농부의 마음에 가장 기다려지는 때는 모름지기 추수 때일 것이다 - 잠 20:4. 추수할 때가 다가오고 있다는 생각만 해도 마음이 설레일 것이다 - 잠 10:4,5.

C 오늘날 하나님께서 자기 백성들을 통하여 하시는 일은 씨를 뿌리고 추수하는 것에 견줄수 있다. 다음 구절들은 하나님이 원하시는 일을 반드시 해야만 하겠다는 새로운 헌신을 가지게 한다.
1. 시 126:6 - 가야하고, 울어야 하고, 뿌려야 하고, 기두어야 한다. 이는 진실로 위대한 용어들이다.
2. 요 4:35-37 이 사랑스런 장면을 절대로 놓쳐서는 안 된다. 의심많은 성격을 가진 한 여인이 예수님을 만났고, 즉시 도시로 가서 씨를 뿌려, 많은 사람을 믿게 하였다.

D 추수의 때란 종말론적인 의미를 담고 있다. 추수의 때는 이 세대의 최종 종착지를 의미한다. 잠시 마태복음 13:24-30에서 보게 되는 밭에 자란 가라지의 비유에 주목하자. '추수 때'란 시대의 마지막이 왔다는 뜻이다 - 마 13:30-38.
우리는 요한계시록 14:14-20에 기록된 진리들을 그냥 지나칠 수 없다. 아마겟돈 전쟁을 준비하면서 그 때를 가리켜 세상을 추수할 때라고 부르고 있다.

E 성경은 분명하게 어느 한 시점에 하나님께서 알곡을 추수하여 하늘 곡간에 들이신다고 밝히고 있다. 어떤 식으로 이 추수가 이루어질까? 추수의 양상에 관하여 보여주고 있는 한 대목을 살펴보자. 고린도전서 3:9에 제시된 장면을 보겠다. 하나님께서 우리를 보실 때, 사도 바

3:9. God sees us, says the Apostle Paul, as laborers together with God. What a privilege has been ours this week to labor together in the work of VBS. Eternity alone will unfold the full story of victories in lives. He quickly moves to another picture, an unusual one. "We are God's husbandry." It is at this point that a version used by the side of your King James will Help:

1. New American Standard Version – "you are God's field."

2. New International Version – "you are God's field."

3. New King James Version – "you are God's field."

4. Williams Translation – "you belong to God as His field to be tilled."

This is the meaning of this brief, pertinent word.

F Think on this. WE ARE GOD'S FIELD FOR A SPECIFIC PURPOSE. HE IS GOING TO HAVE A HARVEST THROUGH HIS FIELD. As God's field we are to be productive, for without us there would be no harvest. Let's look at this unforgettable portrait:

I . FIELDS ARE PURCHASED – Matt. 3:44.

In this brief parable the field is bought and in that field is a treasure, Israel.

We need to be reminded that we are His purchased possession. As a field He bought us. Reflect on I Cor. 6:19-20 / I Pet. 1:18-20.

How wonderful is the hymn, "O the love that sought me, Oh, the blood that bought me, O the grace that brought me to the fold."

II . FIELDS ARE FENCED – Song of Solomon 4:12.

A. There was a day when farmers put up fences. There was a special fence that said, "This field is mine."

B. God puts a fence about us. We are marked as His own.

C. Satan knows this. You recall his word to Job in Job 1:10. Think of it.

Satan knew that he could never get through the fence unless God permitted it.

울의 말에 따르면, 하나님과 함께하는 동역자들로 여기신다. 이번 주간에도 우리가 이런 추수의 사역에 모두 함께 동참할 수 있다는 것은 얼마나 큰 특권인지 모른다. 우리가 사는 날 동안 이 영원한 생명을 위하여 수고한다는 것보다 더 기막힌 승전보가 또 어디에 있겠는가? 바울은 또 다른 범상치 않은 장면을 보여준다. "우리는 하나님의 경작지이다." 이는 킹 제임스 버전의 표현이다.

  1. 뉴 어메리칸 스탠다드 버전 - "너희는 하나님의 밭이요."
  2. 뉴 인터내셔널 버전 - "너희는 하나님의 밭이요."
  3. 뉴 킹 제임스 버전 - "너희는 하나님의 밭이요."
  4. 윌리암스 역 - "너희는 하나님이 경작하기 위하여 마련하신 밭이요."
  모두 간략하고 타당하게 단어의 의미를 잘 설명해 주고 있다.

F 이것을 생각해 보라. 우리는 특별한 목적을 위하여 마련된 하나님의 밭이다. 그분은 자기 밭에서 추수를 하실 것이다. 하나님의 밭인 우리는 소출을 내야만 한다. 우리가 아니면 추수가 이루어지지 않는다. 이 잊을 수 없는 장면을 살펴보도록 하자.

I. 밭을 값 주고 샀다 – 마태복음 13:44

  이 짧막한 비유에서 값을 주고 밭을 샀고, 그 밭에는 보물이 들어 있다.

  우리는 그분이 값 주고 사신 소유라는 것을 기억할 필요가 있다. 밭을 사신 것처럼 그분이 우리를 값을 주고 사셨다. 고린도전서 6:19-20을 살펴보라 / 벧전 1:18-20.

  이 얼마나 놀라운 찬송인가? "오 그 사람으로 나를 보시네, 오 그 보혈로 나를 사셨네. 오 그 은혜로 나를 이끌어 믿게 하셨네"

II. 밭을 잠가 두었다 – 아가 4:12

  A. 농부들이 날을 잡아 울타리를 세운다. 특별히 울타리를 치는 이유는 "이 밭은 내 것이기 때문이다."

  B. 하나님은 우리 주위로 울타리를 치신다. 우리는 그분의 소유라고 표시해 두시는 것이다.

  C. 사탄은 이것을 안다. 당신은 사탄이 욥에 대하여 욥기 1:10에서 한 말을 기억하고 있을 것이다. 그것을 생각하라. 사탄은 자기가 결코 하나님이 허락하지 않으시면 그 울타리를 넘을 수 없다는 것을 알고 있었다.

III. FIELDS ARE TILLED, PLOUGHED – I Cor. 3:9.

God is planning a harvest through us, so He deals with us -Ezek. 36:9.

IV. FIELDS ARE PRODUCTIVE – Ezek. 36:35.

Once when Samuel Rutherford was going through deep sorrows he said, "God is expecting a great harvest, He plows so deeply."

III. 밭을 경작하고 일군다 – 고린도전서 3:9

하나님께서는 우리를 통해서 추수할 것을 계획하고 계신다. 따라서 그분은 우리를 다루신다. – 겔 36:9

IV. 밭은 소출을 낸다. – 에스겔 36:35

한 때 사무엘 루더폴드가 깊은 슬픔에 빠져있을 때 말하기를 "엄청난 수확을 거두고 싶어 하시기에 하나님은 이다지도 깊이 땅을 파고 계시는 군요"라고 하였다.

8. REMARKABLE INSTRU ENTS(Matt. 14:16 / John 6:11)

A A few years ago we were privileged to meet one of the great violin makers. His instruments were of rare beauty and sought after by artists. My interest in musical instruments was increased immeasurably by that meeting. I was amazed to discover the cost of instruments. Imagine a piano selling for 390,000 dollars, a 'cello for $290,000, a violine for $400,000! We can believe that many instruments are of tremendous value.

B When the Lord jesus met Saul of Tarsus on the way to Damascus Saul was startled to find that Jesus of Nazareth was in heave knew him and had laid aside the responsibilities that were His in order to have a private interview with the one who was moving in haste to destroy the infant Church.

C When a hesitant Ananias went his way in obedience to Christ to speak with Saul, he must have found it difficult to believe that the Lord saw in this man, breathing out threatening and slaughter, a "CHOSEN VESSEL." Reflect on Acts 9:15: "He is a chosen vessel unto me to bear my name." The word vessel is the word instrument.

God saw in this man an instrument of value. He was to "bear his name."

D One of the miracles of our Lord, recorded by all of the Gospel writers gives to us a picture of the instrument who bears life to others. Give time for study of this miracle in your time of devotion. It will become a choice portion. We do not have time, but in your reading compare these portraits: Matt. 14:13-31 / Mark 6:32-44 / Luke 9:10-17 / John 6:1-13.

We will confine ourselves largely to John's account.

As we do so there comes before us a picture of our Lord.

Ⅰ. THE LORD OF COMPASSION – Matt. 14:14.

8. 놀라운 악기(마 14:16 / 요 6:11)

A 수년 전 우리는 아주 유명한 바이올린 제작자를 만나는 특권을 누렸던 적이 있다. 그가 만든 악기들은 유례없이 아름다웠고 음악가들이 갖고 싶어 하는 것들이었다. 그를 만난 이후 나의 악기에 대한 관심은 끝없이 높아만 갔다. 난 악기들의 가격을 볼 때마다 놀라움을 금치 못한다. 피아노 한 대의 가격이 6억원, 첼로 한 대의 가격 4억원, 바이올린 한 대의 가격이 5억 원이란다! 우리는 악기들의 값어치가 엄청나다는 것을 믿을 수 있다.

B 주 예수님께서 다소의 사울을 다메섹 도상에서 만나셨을 때, 사울은 나사렛 예수께서 하늘에 계시면서도 그를 알고 계셨고, 또한 갓 탄생한 교회를 훼파하기 위하여 서둘러 가고 있던 그 사람을 개인적으로 만나시기 위하여 그에게 오셔서 그가 하려했던 일을 막으시는 것을 보고 소스라치게 놀랐다.

C 주저하던 아나니아가 그리스도에게 순종하여 사울에게 가서 말했을 때, 틀림없이 그는 주님이 이런 살기등등한 살육자를 보시고 '택한 그릇'으로 여기신 것을 믿기 어려웠을 것이다. 사도행전 9:15을 살펴보라. "이 사람은 내 이름을 전하기 위하여 택한 나의 그릇이라." 그릇이란 단어는 악기라는 말이다.

하나님은 이 사람을 가치 있는 악기로 보셨다. 그는 "그분의 이름을 전"하여만 하였다.

D 복음서에 기록된 우리 주님이 행하신 기적들 가운데 다른 사람들에게 생명을 나누어주는 도구가 되었던 사례가 한 가지 있다. 시간을 내어 경건의 시간에 이 기적을 연구해 보기 바란다. 한 가지 본문을 선택하기 바란다. 시간이 없더라도 이들 구절들을 서로 비교해 가면서 읽어 보라. 마 14:13-31 / 막 6:32-44 / 눅 9:10-17 / 요 6:1-13.

이제 우리는 요한복음을 중심으로 좀더 자세히 살펴보기로 하자.

우리 주님의 모습을 더욱 잘 보게 되는 기회가 되기 바란다.

I. 긍휼을 베푸시는 주님 – 마태복음 14:14

One of the words used to describe our Lord's involvement with us in the experiences of life is the word compassion. The word used in the Gospel records to describe our Lord's feelings means "to move the heart toward." Walk with us through the record and see how our Lord feels toward us" Matt. 9:36 / 14:14 / 15:32 / 18:27 / 20:34.

Then link Hebrews 4:15 where the word compassion means "to enter into the sufferings of another.

II. THE LORD WHO KNOWS - John 6:6.

When we reflect on the attributes of God we are confronted with the omniscience of deity. The omniscience possed by our Heavenly Father is resident in His Son. Think of it. He knows about us, John is a pageant of this: In John I He knew Nathanael. In chapter 2 it closes with His omniscience, "He knew what was in man." In chapter 3 He knew Nicodemus. In chapter 4 the life of the woman at the well was open to Him. Our Lord is never caught short. frustrated, for He knows.

III. THE LORD OF THE 'LITTLE.'

A lad - two small fishes - five biscuits. Someone said the hope of the Lord's work is in the wonderful power of God to multiply and use 'littles.' Look at Moses' rod, Shamgar's ox goad, Gideon's trumpet, David's sling, Dorcas' needle --your life and mine. Who would believe that a lad's lunch would feed a multitude? It will when God gets it in His hand. And that's the big problem.

IV. THE LORD OF ORDER - vs 10.

God was orderly in creation. See Gen. 1,2. He seeks orderliness in the Church - I Cor. 14:40. He asks for order in our service.

삶을 살아가는 동안 우리를 대하시는 주님을 표현할 때 사용되는 용어 가운데 하나는 '긍휼'이다. 복음서에 이 단어가 쓰이는 대목을 보면 우리 주님의 감정을 묘사하면서 "그의 마음이 누구 쪽을 향하여 움직이다"라는 식으로 되어 있다. 이에 관련된 말씀에서 우리를 향하신 주님의 감정이 어떠신지 볼 수 있다. 마 9:36 / 14:14 / 15:32 / 18:27 / 20:34.

그리고 히브리서 4:15에서는 이 긍휼이란 단어가 "다른 사람의 고통 속으로 들어가다"란 의미로 쓰인다.

II. 알고 계시는 주님 – 요한복음 6:6

하나님의 속성을 살펴볼 때, 우리는 하나님의 전지성을 보게 된다. 우리 하늘 아버지께 속한 전지하심이 이제 그분의 아들 안에 머물고 있다. 이것을 생각하라. 그분은 우리를 알고 계신다. 요한은 이것을 계속 연출한다. 요한복음 1장에서 그분은 나다나엘을 알고 계셨다. 2장은 그분의 전지성으로 마친다. "그가 친히 사람의 속에 있는 것을 아셨음이니라." 3장에서 그분은 니고데모를 알고 계셨다. 4장에서 우물가의 여인의 삶이 그분 앞에 완전히 노출되었음을 볼 수 있다. 우리 주님은 결코 부족하시거나 실패하시는 법이 없으시다. 왜냐하면 그분은 전지하시기 때문이다.

III. 작은 것의 주님

한 어린이 – 두 개의 작은 물고기 – 다섯 개의 떡. 어떤 사람은 주님께서 하나님의 그 놀라운 능력으로 오병이어의 기적을 행하신 장면에서 그분이 '작은 것'들을 사용하셨다는 것이야 말로 우리의 희망이라고 말하였다. 모세의 지팡이, 삼갈의 소몰이용 막대기, 기드온의 나팔, 다윗의 물맷돌, 도르가의 쇠꼬챙이, 그리고 당신의 삶과 나 자신을 한번 바라보라. 그 어느 누구가 한 소년의 점심 도시락으로 그토록 엄청난 무리를 먹일 수 있을 것이라고 믿을 수 있었겠는가? 하나님이 그것을 자기 손에 넣으셨을 때 그런 일이 벌어졌다. 그렇다. 그것이 가장 큰 문제이다.

IV. 질서의 주님 – 10절

하나님께서는 질서대로 창조하셨다. 창세기 1:2을 보라. 그분은 교회에도 질서를 바라신다 – 고전 14:40. 그분은 우리의 예배에 있어서도 질서를 요구하신다.

V. THE LORD OF INSTRUMENTS – vs 11.

How will God ever do this work? There is only one answer. He needs bread passers. We are instruments. The boy could give, the Lord could multiply, but it all falls apart without the passers. The miracle begins in His hands, but it goes through ours. HE ALONE CAN GIVE INCREASE. WE MUST CARRY.

V. 도구를 쓰시는 주님 – 11절

하나님께서 이 일을 어떤 식으로 행하셨는가? 대답은 한 가지이다. 그분은 빵 나르는 자를 필요로 하셨다. 우리가 바로 도구들이다. 그 소년이 빵을 드렸고, 주님은 그것을 불어나게 하셨다. 하지만 빵 나르는 자들이 없었다면 이 모든 것은 아무 일도 아니었을 것이다. 기적은 주님의 손에서 시작되었지만, 그 기적은 우리들을 통하여 전달된다. 그분만이 불어나게 하실 수 있다. 우리는 그것을 나르는 일을 해야만 한다.

9. GOD HAS A BONUS(A study in God's promise of reward)

A Isn't there a quiet note of praise in your heart when you hear the great hymns that speak of tomorrow? You could right now quote some of your favorites. I have many, but frequently I find myself singing:

> "God's tomorrow is a day of gladness
> And its joys will never fade,
> No more sorrow, no more sense of sadness,
> No more fears to make afraid.
> God's tomorrow, God's tomorrow,
> Every tear will pass away at the dawning of that day,
> God's tomorrow, no more sorrow
> For I know that God's tomorrow will be better than today.

B There is a truth that is carefully woven through the Word of God that brings hope when days are dark, joy when everything has gone berserk and peace when troubles race through your soul.

C When difficulties arise, when hurts abound, when situations are almost unbearable, we can take these as an evidence that in the plan and purpose of God we are heaven-bound. On one occasion our Lord said, "In the world ye shall have tribulation" - John 16:33.

Remember the words of the Lord Jesus on this subject, "Blessed are they that are persecuted for righteousness' sake" - Matt. 5:10.

If this were not enough, he continued to startle us with this, "Blessed are ye when men shall revile you, and persecute you, and shall say all manner of evil against you falsely for my sake. Rejoice and be exceeding glad" - Matt. 5:12.

HOLD IT! How can you take it on the chin, stand abuse without retaliation? You can do it because GOD HAS A BONUS SYSTEM. Let's complete those verses. GOD

9. 하나님이 주시는 보너스(보상에 관련된 하나님의 약속을 공부하라)

A 미래의 일에 대하여 말해주고 있는 찬송이 있기에 그 가사를 당신에게 소개하고자 한다. 아마도 당신도 좋아하게 될 것이다.

나는 자주 이 가사를 흥얼거리며 산다.

> "하나님이 주시는 내일은 기쁨의 날
> 그 기쁨은 결코 사라질 줄 모르리
> 더 이상 눈물도 없고, 더 이상 슬픔도 없으며
> 더 이상 공포를 자아내는 두려움도 없으리
> 하나님이 주시는 내일 하나님이 주시는 내일
> 모든 눈물이 지나가리 그 날의 여명이 밝아올 때에
> 하나님이 주시는 내일 더 이상 슬픔이 없네
> 나는 아네 하나님이 주시는 내일이 오늘보다 훨씬 좋다는 것을

B 하나님의 말씀 전체에 걸쳐서 얼기설기 엉켜있는 한 가지 주목할 만한 진리는 어두운 날에 소망을 주시며, 모든 것이 광포하게 되었을 때 기쁨을 주시며, 당신의 영혼에 환난이 질주할 때 평화를 주신다는 것이다.

C 어려움이 일어났을 때, 상처에 둘러 싸였을 때, 거의 참을 수 없는 환경을 만났을 때, 우리는 이것은 하나님께서 우리를 하늘에 매인 자로 삼으시려고 계획하고 목적하신 사건이라고 여길 수 있다. 한번은 우리 주님께서 말씀하시기를 "세상에서 너희가 환난을 당하나" 라고 하신 적이 있다 - 요 16:33.

주 예수님께서 이에 대하여 하신 말씀을 기억하라. "의를 위하여 박해를 받은 자는 복이 있나니 천국이 그들의 것임이라" - 마 5:10.

만일 이 말씀으론 충분하지 않으신지, 그분은 우리에게 이런 깜짝 놀랄만한 말씀을 계속하신다. "나로 말미암아 너희를 욕하고 박해하고 거짓으로 너희를 거슬러 모든 악한 말을 할 때에는 너희에게 복이 있나니 기뻐하고 즐거워하라" - 마 5:12.

이것을 붙잡으라! 어떻게 복수하지 않으려고 이를 악물며 모욕을 견딜 수 있을까? 당신이 그렇게 할 수 있는 것은 하나님께서 보너스를 주시는 시스템을 가지고 계시기 때문이다. 나머지

HAS SOMETHING AHEAD FOR US.

D Someone has well said that our whole outlook on life will depend on these 3 things:

    1. A realization of who I am.

    2. An awareness of destiny.

    3. A knowledge of what is mine upon arrival. We would agree, wouldn't we, that our lives will be largely controlied by these vital truths.

E Let us reflect for a few moments on the fact that the thought of what God has in store for us is revealed in the Old Testament Scriptures.

    1. Abraham was encouraged in his life by this thought – Gen. 15:1.

    2. The Levites were given a special reward for their service – Num. 18:31.

    3. To lovely Ruth was given a reward – Ruth 2:12.

    4. The Psalmist spoke of reward for those who treasured God's word – 19:11.

    5. The Proverb writer saw a time for certain reward – 11:18.

F The Lord Jesus promised in Matthew 5:10 and 5:12 that the "Kingdom of heaven" would belong to those who are "persecuted for righteousness' sake. He also assured us of a reward in heaven as a result of attack upon our lives. It is hard for us to grasp this truth, but these are not isolated passages as we shall see.

I . THE KINGDOM OF HEAVEN IS OURS – Luke 12:32.

Our Lord is affirming that there will be an hour when there will be a kingdom established upon this earth and those who have received Him as Saviour, given Him His rightful place will be given that kingdom. Dr. Ironside observes, "During the present age the people of God, who know their loving Father's care are a little flock indeed."

구절을 마저 읽어 보자. "하늘에서 너희의 상이 큼이라."

D 어떤 사람은 우리가 삶을 내다볼 때 이런 3가지 사항에 의존하게 된다고 잘 말해주고 있다.

1. 나는 누구인가 하는 깨달음
2. 운명에 대한 자각
3. 내가 어디까지 와 있는지에 대한 지식. 우리도 동감하는 바이지 않은가? 우리의 삶은 이런 생생한 진리들에 의해서 대부분 통제되고 있는 것이 사실이다.

E 잠시 우리를 위하여 하나님께서 무엇인가를 창고에 쌓아 두고 계신다는 사실을 밝히고 있는 구약의 구절들을 살펴보도록 하자.

1. 아브라함은 이런 생각으로 자기 삶에서 용기를 얻었다 - 창 15:1
2. 레위 지파는 그들의 섬김으로 말미암아 특별한 보상을 받았다 - 민 18:31
3. 사랑스런 룻에게 보상이 주어졌다 - 룻 2:12
4. 시편기자는 하나님의 말씀을 담고 있는 사람이 받게 될 상급에 대하여 말하였다 - 19:11
5. 잠언기자는 확실한 상을 받게 될 때를 보았다 - 11:18

F 주 예수님은 마태복음 5:10과 5:12에서 약속하시기를 "천국"은 "의를 위해 핍박을 받는" 자들 속에 있다고 하셨다. 그분은 또한 우리가 살면서 받게 되는 핍박만큼 하늘에서 상을 받게 된다고 확신을 주고 계신다. 이런 진리를 붙잡는 것은 어려운 일이지만 이 구절 말고도 여러 구절들에서 같은 말씀을 하신다.

I. 천국은 우리 것이다 - 눅 12:32

우리 주님은 이 땅 위에 한 왕국이 세워질 것이며 그분을 구세주로 영접한 사람들을 그분에게 주시는 때가 있다는 것을 확증하고 계신다. 그분에게 합당한 자리가 그 왕국에서 마련될 것이다. 아이론사이드 박사는 피력하기를 "현재 하나님의 백성들, 곧 그들의 사랑하는 아버지의 돌보심을 아는 자들은 사실 적은 무리에 지나지 않는다"고 하였다.

II. WE WILL SHARE IN HIS REIGN IN THAT KINGDOM – II Tim. 2:12.

God has given us assurance in His Word that His Son shall reign upon this earth – See Psalm 2. It will be ours to share in that reign. Reflect on these illuminating passages: Rev. 5:12 / Rev. 20:1-6.

III. THE KINGDOM OF HEAVEN DESCRIBED.

Time would not permit us to walk along the raods of prophecy and see what God has purposed: Isa. 2:1-5 / Isa. 11 / Isa. 35 / Isa. 64 / Isa. 66.

These are only a few of the great number of Old Testament passages speaking of the kingdom.

Ⅱ. 우리는 그 천국에서 그분과 함께 다스릴 것이다 – 딤후 2:12

하나님은 우리에게 그분의 말씀 속에서 그분의 아들이 이 세상을 통치하실 것이란 확신을 주고 있다. – 시편 2편을 보라. 그 통치를 우리와 함께 하실 것이다. 이에 관련한 구절들도 살펴보라. 계 5:12 / 계 20:1 – 6

Ⅲ. 천국은 설명되고 있다.

예언을 일일이 들춰가면서 하나님이 목적하신 바가 무엇인지를 살펴보려면 시간이 많이 필요하다. 사 2:1-5 / 사 11 / 사 35 / 사 64 / 사 66.

이것 외에도 구약 성경 본문에서 천국에 대하여 말하고 있는 구절들은 엄청나게 많다.

10. HEAVEN'S COMPUTERS(Matthew 5:10)

A "Who does God's work will get God's pay,

However long may seem the day,

However weary be the way;

Though powers and princes thunder, 'Nay,'

Who does God's work will get God's pay.

He does not pay as others pay,

In gold or land or raiments gay;

In goods that vanish and decay,

But God in wisdom knows a way,

And that is sure, let come what may,

Who does God's work will get God's pay."

B We were assured in our former study that the eternal God who is "our Father" has made a promise to those who have received His Son of a certain reward. Hear our Lord speak again these assuring words to those who were passing through great difficulties, "Rejoice and be exceeding glad, for great is your reward in heaven" – Matt. 5:10.

C We would agree, I am confident, that these great truths are unfolded in the Word of God in order that we might be encouraged when clouds are low, days difficult, and life is in danger of losing its lustre. When Calvin was banished from Geneva he said, "Most assuredly if, had only served man, this would have been a poor recompense, but it is my happiness that I have served Him who never fails to reward His servants to the full extent of His promise."

D God desires that we have some knowledge as to what He has in His plan arranged to give His children as reward in the day when we meet at the Judgment Seat of Christ.

10. 하늘의 컴퓨터(마태복음 5:10)

A "하나님의 일하는 자 하나님이 갚아주신다네
해서 그런 날이 있을까 오랫동안 보았네
하지만 그래보니 지치기만 하였다네
고관대작들이 소리치며 "아니라" 해도
하나님의 일하는 자 하나님이 갚아주신다네
그가 갚아주시는 방식 사람들과는 다르다네
돈으로도 땅으로도 화려한 옷으로도
닳고 썩는 물건으로도 아니하신다네
그러나 지혜로우신 하나님은 방법을 아신다네
진실로 그렇게 하실 날이 다가오고 있다네
하나님의 일하는 자 하나님이 갚아주신다네"

B 우리가 전에 살펴본 대로 "우리 아버지"이신 영원하신 하나님은 자기 아들을 영접한 자들에게 확실한 상급을 약속하여 주셨다는 것을 확신한다. 우리 주님께서 이런 확실한 말씀들로 다시 한 번 큰 환난을 겪고 있는 자들에게 하시는 말씀에 귀를 기울이라. "기뻐하고 즐거워하라 하늘에서 너희의 상이 큼이라"-마 5:12.

C 우리는 동의 해야만 한다. 나는 확신한다. 환난의 먹장구름들이 낮게 깔려서 모든 빛이 사라진 채, 생명의 위협까지 받고 있는 우리에게 용기를 주시는 이런 위대한 진리들이 하나님의 말씀에 널려 있다. 칼빈이 제네바에서 추방당했을 때, 그는 말하기를 "의심할 여지없이 사역자된 자에게 이런 처사는 형편없는 보상이라 할 것이다. 하지만 자기 종들이 그와 약속한 것을 완전히 다 이루면 틀림없이 상을 주시는 그분을 섬길 수 있다는 것이야 말로 나의 행복이다"라고 하였다.

D 하나님은 우리가 그리스도의 심판의 보좌에서 만나는 그 날 그분이 자기 자녀들에게 상 주실 계획을 가지고 계시다는 것을 알기 원하신다.
그 자리에 관하여 말하고 있는 이 구절들을 살펴보라 - 롬 14:10 / 고후 5:10.

Reflect on these passages that speak of the place - Rom. 14:10 / Ⅱ Cor. 5:10. Remember that this is the place where God gives rewards for that which we have done in our Christian life. May our hearts have occasion to rejoice as we contemplate the day when our faithful Lord will remember us in a special way.

E We give our attention to this theme which has brought delight to the hearts of believers through the years. May it encourage us also.

Ⅰ. REWARDS DESIGNATED AS CROWNS.

A study of Scripture indicates the following use of the word:

decoration, consecration, coronation, exaltation and remuneration.

A. Incorruptible Crown - Ⅰ Cor. 9:25.

Reward given for a disciplined life.

B. Crown of rejoicing - Ⅰ Thess. 2:19.

Reward given for those who put themselves out to win souls.

C. Crown of Righteousness - Ⅱ Tim. 4:8.

Reward given to those who have looked for His appearing and loved it.

D. Crown of Life - Jas. 1:12.

Reward given to those who triumph in testings.

E. Crown of Glory - Ⅰ Pet. 5:4.

Reward given to pastors who care for their people.

F. Crown of Life - Rev. 2:10.

Reward given to those who are faithful unto death, often spoken of as the martyr's crown.

Ⅱ. REWARDS DESIGNATED AS RECOGNITION.

These are not rewards of lesser value but are given by our Lord to those who have wrought services unusual in nature.

A. The insignificant - Matt. 10:42.

이는 하나님께서 우리가 그리스도인으로 삶을 사는 동안에 행하였던 일에 대하여 상을 주시는 자리이란 것을 기억하라. 우리의 신실하신 주님께서 특별한 방법으로 우리를 기억하시는 그 날을 생각하면 우리 마음에 기쁨을 가지지 않을 수 없을 것이다.

E 두고두고 믿는 자들의 마음에 즐거움을 가져다주게 될 이 주제에 관심을 기울여 보도록 하자. 그것은 우리에게 용기를 북돋아주기도 할 것이다.

I. 상을 면류관이라고 묘사하고 있다.

성경을 연구해 보면 상이라고 하는 것은 이런 단어들을 가리킨다.

훈장, 성별식, 즉위식, 승진, 보상.

A. 썩지 않는 면류관 - 고전 9:25

이는 절제하는 삶을 산자에게 수여되는 상이다.

B. 기쁨의 면류관 - 살전 2:19

이는 자신을 드려 영혼을 구원하는 일에 헌신한 자들에게 수여되는 상이다.

C. 의의 면류관 - 딤후 4:8

주님의 나타나심을 사모하고 사랑한 자들에게 수여되는 상이다.

D. 생명의 면류관 - 약 1:12

시험에서 이긴 사람들에게 수여되는 상이다.

E. 영광의 면류관 - 벧전 5:4

자기 양떼를 잘 돌본 목사님들에게 수여되는 상이다.

F. 영생의 면류관 - 계 2:10

죽기까지 충성한 자들에게 수여되는 상으로서, 종종 순교자의 면류관이라고 말하기도 한다.

II. 상을 인정받는 것으로 묘사하고 있다.

이것은 저급한 가치의 상이라기 보다 우리 주님께서 흔치 않은 봉사를 한 자연스럽게 한 사람에게 주시는 상을 가리킨다.

A. 하찮은 자 - 마 10:42

So you gave a cup of cold water. You don't remember, but God does. Dr. I. M. Haldeman said, "The kindly smile, the cup of cold water in His name, the cheery word spoken in the fitting season, the clasp of a hand by which you lifted another to firmer footing, all this will be remembered."

   B. The personal Sacrifice - Mark 12:41-44.

   C. The Unnoticed Service - Matt. 6:1-4.

   D. Suffering Unjustly - Matt. 5:10-12.

   E. Intentions that we could not carry out - I Kings 8:17,18.

따라서 당신이 냉수 한 컵을 주었을 때, 당신은 잊을지라도 하나님은 잊지 않으신다. 아이엠 할드만 박사는 이르기를 "친절한 웃음, 그분의 이름으로 주는 냉수 한컵, 경우에 맞는 기분 좋은 말, 굳어진 다리를 올려주기 위해 붙잡아 준 손, 이런 모든 것들을 기억하신다는 것이다" 라고 하였다.

    B. 개인적인 헌신 - 막 12:41-44.

    C. 익명의 봉사 - 마 6:1-4.

    D. 억울한 고통 - 마 5:10-12.

    E. 우리가 실행에 옮길 수 없었던 좋은 뜻 - 왕상 8:17,18.

성경의 비전들 BIBLE VISIONS

지은이 ┃ 하워드 F. 서그든
발행인 ┃ 김용호
발행처 ┃ 나침반출판사

초판 1쇄 발행 ┃ 2011년 3월

등 록 ┃ 1980년 3월 18일 / 제 2-32호
주 소 ┃ 110-616 서울 광화문 사서함 1641호
전 화 ┃ 본 사(02)2279-6321
          영업부(031)932-3205
팩 스 ┃ 본 사(02)2275-6003
          영업부(031)932-3207

홈페이지 ┃ www.nabook.net
이 메 일 ┃ nabook@korea.com
            nabook@nabook.net

ISBN 978-89-318-1427-9
책번호 마-1747

값은 뒷표지에 있습니다.